原生家庭療法

七個步驟，解開關係束縛，做出改變，
重建更成熟的情感對應方式。

羅納德‧理查森／著　林琬淳／譯

FAMILY TIES THAT BIND

A Self-Help Guide to Change through Family of Origin Therapy

推薦語

我從第一頁開始就愛上了這本書！作者大量使用包恩（Bowen）的理論，採取系統觀的方式，而不是把你所有的痛苦歸咎在你爸媽或你自己身上。帶你看到自己的父母，也有他們當年的痛苦；那些你不想變成的東西，卻不知不覺的被代間傳遞；那些你不想複製的關係，卻一再上演在你的生活裡，以前我總是問我的家族治療老師，該怎麼改變這樣的動態？老師的說法曾讓我覺得很弔詭，他說：「有些時候光是看見，就是一種很了不起的改變了！」直到我看了這本書，裡面舉出非常多的例子，花了八〇%的篇幅去描述這個「看見」，我才發現有些家人這輩子是無法改變的，但當你了解的愈深入、細緻，就愈不容易「覺得都是自己害的」，而是去同理，在同一個家族裡，每個人都有他的歷史和艱辛。

原生家庭是一道難解的問題，有些人選擇終生不去面對，那也沒關係，人生的路很多，可以透過調整其他部分，照樣過日子；但如果你有勇氣去面對，你會發現它其實是CP值最高的一條路。當你慢慢解開原生家庭的結，很多人生當中其他的結，也會一一鬆綁。

這不是一條容易的路，但我想給拿起這本書的你，還有那道正在點燃的勇氣，掌聲鼓勵。

——心理學作家　海苔熊

致讀者

基於法律經常變動，我們盡全力讓本書維持在最新版本。然而，本書作者、出版商與經銷商對於本書內容資訊用途與其結果，不做任何陳述或保證，並且不負責由此產生的任何索賠、損失或傷害。使用本書的讀者不應完全依賴本書作者或出版商提供的任何專業建議，並請確定您購買的是最新版本。

本書中採用的所有案例（病例），都確實反映出我的客戶在生活中實際發生的情形；然而，在各個案例中，可識別出特徵的部分，為了保密，皆經過修改，並且偶爾將兩人或多人的案例（病例）合併爲一，以便更清楚有效地呈現書中理論。

多數案例（病例）爲女性，這僅僅反映出我擁有的女性客戶數量較多；女性似乎更願意尋求專業協助以解決生活中的問題，這通常代表了她們更健康、動力更強。

致謝辭

在《紐約客》（*New Yorker*）的漫畫中，出版商坐在辦公桌前，對著一位有點驚訝的作家說：「嗯，很好，可是大家現在寫書都不只靠自己了。」這的確就是我撰寫本書的經驗。

我從莫瑞．包恩博士（Dr. Murray Bowen，喬治城大學）的著作中學到了家庭運作方式的概念，包恩博士是家庭治療的先驅和最早的實踐者之一，本書的大部分內容都是基於他對家庭的研究和紀錄寫成；包恩博士的研究始於一九五〇年代初期，而我只是試著用通俗語言把他的概念翻譯出來。我從不列顛哥倫比亞大學（University of British Columbia）的大衛．費里曼博士（Dr. David Freeman）身上，學到了在個人生活與臨床實踐中應用家庭治療概念的方法；費里曼博士在幫助我理解原生家庭和解的意義與實用性時，一直對我關懷備至，同時也是能力超群的嚮導。

不過，要是沒有我太太羅伊思（Lois），這本書就不可能問世；羅伊思是專業編輯、作家，第一個提議爲非專業人士撰寫原生家庭治療書籍的人也是她。在我用盡全力寫完本書內容之後，羅伊思經常不顧我的抗議，重寫並重新編排了大部分的內容，使其更清楚好讀，最終我非常感激她這麼做。她對本書的付出就跟我一樣多，有關手足順序那一整章，完全出自於羅伊思之手。

最後，當然要感謝我的原生家庭——母親，她給我的愛與支持是不朽的榜樣；以及身分不詳的父親、阿姨、舅舅、表弟、外祖父母、外曾祖父母，以及所有從小就認識我的人，還有我成年之後試著更深入了解的人。

目錄

Chapter 5 如何保持真我，同時保有友誼 87

Chapter 1

原生家庭
問題很大？

家庭特質對孩子的影響愈深刻，（孩子）長大後就愈傾向於用幼年時的世界觀來感受與看待成人的大世界。

——卡爾・古斯塔夫・榮格（Carl Gustav Jung）

對於所有人來說，在原生家庭（一個人出生、成長的家庭）的生活是極為強大的體驗，而且這種經歷會影響的不只有童年；我們看待自己的方式、看待他人的方式，以及看待世界的方式，都是經由原生家庭的背景形塑而成，在原生家庭中發展的觀點會伴隨我們一生。

在某個時候，大多數人的「軀體」都會離開原生家庭，可是「情感」卻很少分離，就算你和原生家庭之間相隔一片汪洋，或者離家之後再也沒回過家，你還是會在自己打造的新家庭裡，持續體現原生家庭的動態（dynamics）；當然，其中確切的內涵可能會有所不同。

舉例來說，你始終發誓絕對不會做父母曾經做過的某些事，結果你可能還是去做了其中的許多事，就跟你的父母一模一樣，而他們大概也跟你發過相同的誓——絕對不會跟自己的父母一樣……就算回溯到史上第一個穴居男人和女人也是如此，他們也曾經發誓絕對不要變成像父母那樣的類人猿；有時候，這麼想要與上一代不同的決定，可能會帶來出乎意料的轉變。

案例

離婚的單親媽媽安奈特育有三名子女，他們的年齡分別是十四歲、十二歲和九歲。安奈特抱怨自己的雙親從來沒有喜歡或認可過她做的事情，所以她要求自己，當了母親之後，一定要時時讚美孩子，而且還要讓他們知道自己有多麼愛他們。

讓她驚訝的是，有一天老大跟她說：「媽，妳的問題就是一直說我們有多棒，但我們沒辦法相信妳的話，因為我們從來沒聽過妳批評！」

人生中最困難的事情之一，就是讓情感從強大的早期家庭環境中分離出來，而且還能不持續重複，或者繼續抵抗它。

本書的目的在於幫助你找到新方式來對待這樣的家庭環境——藉著學習以新方式對待過去的「殘餘物」，讓你從現在開始就能過更好的生活。如果你能用適當的背景（也就是原生家庭的環境），看待過去「未了」的事情，現在和未來的生活經驗就能變得更正面積極，你就更能夠掌握自己的人生，不會被討厭的事件打倒，還能創造出自己想要的人生。

想一想，當你打電話給父母或探訪他們的時候，你有什麼感覺。做這些事情的時候，你的感覺和舉止跟以前住在家裡的時候一樣嗎？需要多久時間，從前的感覺才會再次出現？五分鐘？一個小時？還是兩天？遇到相處情形開始緊張的時候，你的反應又是如何？如果你可以撐到三天以上，才開始再次表現得像個十三歲的孩子，那麼也許你不需要這本書。然而，大多數的成年人做出的反應，都不是自己眞正希望的反應。有些人會試圖和平地融入，他們會否定自己的情緒，依照父母的期望做事，避免製造事端。

其他人則是特意做出與父母期許相反的行爲以表示自己的立場，這些人是永遠的叛逆者。

有些人會試圖讓雙親知道，雙親爲人父母的角色扮演得很糟糕，接著努力改進雙親；很多人則是盡可能不跟家人來往，他們在情感上疏離，而且鮮少與家人溝通或見面。

以上這些和家人的聯繫方式，全都證明了家庭在我們生活中的力量，大部分的人都沒有學過在與重要的人親近同時，如何才能夠繼續做自己；我們發現自己會對家人做出反應，可是這些反應絕對不是你在最客觀之際所做出的有邏輯的舉動。不過，除非你可以用獨立成年人的態度和家人相處，否則你應該都沒辦法用這種方式和他人建立起親密關係。

同樣的議題，最後又會被扔進新的親密關係裡，那就是：婚姻（無論合法或普通法婚姻、同性或異性婚姻等皆同）、親子、工作和友誼。你所建立起的成年生活會有多令人滿意，取決於你多會處理原生家庭的這些力量。

有一種方法可以處理原生家庭問題，那就是**原生家庭和解**（Family of origin work，譯注：透過治癒過去的家庭或其他傷口，以解開情感和人際關係上的自我封閉的過程。），這套方法的目標在於改變你在原生家庭中對自我的體驗，並延伸到目前的人際關係上。

沒有人有眞正的選擇權，可以決定要不要與家人來往。就算選擇不打交道，也是一種應對家人的方式。並非你否定或忽視人生早期經驗的意義，就不會受到這些經驗影響；早期經驗注定會在不同的情境下，以不同的特徵在你目前的生活中重複發生。

實行原生家庭和解，是改變這種自我挫敗（self-defeating）模式的方法，有些人在諮商師或家庭治療師（family therapist）的幫助下進行，不過你也可以自己來。事實上，早在家庭治療師把原生家庭和解歸功於自己之前，很多人就已經採用這套作法了。人們在成長的過程中，重新評估與家人的早期關係並調整改善，是很自然的一部分。

要進行原生家庭和解，需要先懂得家庭運作的方式，本書第二章到第七章會幫助你理解這一點，這幾章會討論特定的家庭動態，你需要以自身情況檢視這些動態，其中還有問題和練習貫穿各章節，讓你可以自我練習與思考。你不需要坐下來針對問題一一寫出答案，只要仔細讀取每一個問題，然後在進一步閱讀本書時，讓這些問題在腦中沉澱，你就能從中獲得最大效益；至於練習的部分，你可以依自身情境，選擇適合並讓你感到自在的練習做做看。

理解這些概念以及在進行和解時確認自家的家庭動態，這兩項元素只不過是第一步，本書不僅要讓你深入了解家庭，還要讓這份領悟變得有意義。你要改變自己的行爲與在原生家庭裡的生活方式，第八章會給予實際操作的指示；不過，你可不要偷懶地直接跳到第八章，如果不先理解相關理論，那麼第八章的內容對你就不會產生太大的意義。花點時間耐心閱讀，一旦讀完所有理論，你將會驚訝地發現，這一切是多麼完美又能簡單地合而爲一。

就算是多年未與家人聯絡的人，也能進行原生家庭和解，舊有的關係可以更新；如果父母已經去世，你可以聯絡親戚朋友，以獲得童年環境的資訊。

無論是什麼年紀的人，都可以使用這套方法改變自己。不過，這對二十六歲到二十九歲的人的確會容易一些。年輕人仍經常試圖離家，而且還無法處理棘手的情感分離。然而無論幾歲，跟原生家庭相處可能還是很困難，如果能獲得支持，就會覺得輕鬆一點。倘若你剛好認識熟悉原生家庭治療的治療師，應該好好向他/她諮詢。因爲，原生家庭和解需要你自己來執行，這些治療師通常會自稱爲「教練」；事實上，只要有人善於傾聽、能夠給予你所需的支持並提出適切的問題，這一類人都可以成爲「教練」。有時候，一群朋友可以以此爲目的，定期聚會以提供彼此支援。

配偶或戀人不適合當「教練」，即使他們再好，也很難在家庭議題上保持中立，配偶的介入只會讓事情變得更複雜，因爲「教練」要能夠問很多問題，好幫助你用不同方式思考家庭，而配偶就算出發點是好的，還是會影響你的想法。

如果療程中的陪伴者（配偶或治療師）相信你所有的問題都要歸咎於父母，那麼和解之路也沒辦法走得很遠，因爲最後你會覺得自己的憤怒或傷痛（或任何針對家人的情緒）都是情有可原。和解的重點是要讓你有所改變，要做到這一點，你必須用不同的眼光看待家人。

提醒：有以下經驗的人一定要在專業協助下進行原生家庭和解——因家庭而深感不安的人、來自嚴重情緒問題家庭或有性虐待史家庭的人。不過，大部分只有普通問題的人則可以在沒有第三方參與的情況下執行。

無論如何，在閱讀本書進行和解的過程中，有兩件重要的事一定要記住：

1. 把重點放在你自己身上：正如沒人能改變你，你也不能改變任何人，所以這件事連試都不用試了。（你的改變可能會帶來正面且意想不到的結果，你的家人可能因此以積極的方式有所改變，不過這不是你要努力的目標。）

2. 保持動力：你眞的想改變生活現況嗎？著手進行原生家庭和解很辛苦，而且也不是每個人都做得到，這項療程沒有容易的答案，也非一蹴即成；這項療程需要投入時間、精神、思考，但能堅持到最後的人就能獲得很棒的回饋。

以下是蘇和家人的故事，這個故事展現了原生家庭療法能夠產生多大的效果。

案例

蘇在離家六年後，第一次回家。她原本不想跑這一趟，又覺得有必要；五個弟妹都跟她說過，她從不回家探望，讓爸媽有多傷心。

十九歲那年，蘇在最後一次與父母吵架之後離家。蘇與父母長期爭吵，這樣的爭執持續了她的整個青春期。父母都鄙視她「激進」的政治觀點，但是蘇把父親視為主要問題，而且從不避諱地指出他為人父的缺點；父親則要她放棄先進的想法、好好當個「女人」，就像母親一樣服從。為了讓大家遵守家裡的規矩，他常毫不遲疑就動手動腳，蘇是家中唯一公開挑戰過他的人，她拒絕受控制。

蘇在最後一次爭執之後，告知家人要離家。她還記得很清楚，當時，自己獨自提著行李走出家門，父親在客廳看報紙，幾乎沒有抬頭道別；母親在廚房哭泣，因為如果她想送女兒出門，可能會發生衝突，她不敢冒這個險。

在那之後，他們互寄過卡片，簡短地通過幾次電話，不過交流僅止於此。蘇知道父母會等著看她是不是有所改變，而她意識到自己離家後所做的事情，很少會得到父母的認同：她不是很認真地念了三年大學，因為她想不到其他事情可做；她跟男友史提夫同居，從對方還是藝術系的學生就開始了。等到史提夫畢業，他們到歐洲旅行一年，回國之後就結婚了。可是，他們的這段婚姻並不幸福。其實，這趟回家的行程正好讓他們可以暫時分開，因為蘇和史提夫一直在吵架。蘇當時在團體家屋（group home）兼差，團體家屋是專為吸毒的青少年設立的庇護所，提供的薪資很低；史提夫偶爾以商業廣告藝術家的身分自由接案，不過大部分的時間都在嘗試作畫。

蘇回到娘家以後，妹妹在晚餐時詢問她的工作，後來轉為討論青少年與毒品問題，蘇的母親則試著轉移話題。蘇和妹妹對問題青少年的成因有相同的看法，她認為這些青少年都是受害者，他們都是冷漠獨裁的父母、病態教育體制和腐敗社會下的受害者。

父親試著控制自己的情緒，不過再也忍不住了，怒斥道：「該死的！妳根本一點都沒變！還是一直碎碎念那些沒頭沒腦、不著邊際的共產思想蠢話，妳和妳那沒用的老公都在浪費人生，都要靠社會養活，妳到底什麼時候才要長大？」

蘇原本希望能避免這樣的場面，可是父親說出這種話，蘇沒辦法聽過就算了；於是，她使出從前回過最狠毒的話，話中還加上過去這六年來收集的「實證」，結果父親負氣離席、母親跑進廚房，其他人則默默離開，晚餐就這樣收場。蘇一個人坐在餐桌旁，決定隔天只要買到機票就馬上離開。

四年後，蘇一改「從此再也不回家」的心態，又回家了。事實上，她在前兩年還短暫回家探訪三次，這次回家的感覺跟之前相比大有不同。

四年前，在那場極糟糕的返家經驗之後，蘇的婚姻也變得更糟糕，她和史提夫已經準備分居，可是蘇決定先尋求婚姻諮商。他們在與治療師談論婚姻的過程中，兩人都發現家庭背景和早期環境中所發展出的敏感度，與他們之間的衝突有強烈的關聯。蘇和史提夫都在婚姻中試圖解決自己與原生家庭未了的問題。

治療師問蘇和史提夫有多了解自己的父母，不僅是他們當父母的樣子，還有他們的為人處事，治療師也問蘇和史提夫各自對父母的家庭背景、童年與雙親（即父母與祖父母關係）的了解程度。

治療師鼓勵蘇和史提夫向家庭成員尋求解答，幾經遲疑之後，他們開始寫信和打電話給父母、兄弟姊妹、姑姑阿姨、叔叔舅舅和祖父母，藉此向他們詢問家庭狀況，這些資訊漸漸拼湊成形。

在這個探索的過程中，蘇和史提夫的關係也開始有了改變，他們不再因為意見不合而攻擊彼此，抱怨與冷戰的情況也變少了；他們還是會起衝突，可是兩人都能夠仔細思考各種立場，並清楚說明這些立場，不對彼此做太激烈的反應。

蘇和史提夫各自都在工作中找到更有意義的方向，也都覺得自己終於長大了。

蘇與家人的相處也變得更充實愉快，她開始珍視家人，不再感到如此羞愧與憤怒，她更願意接受雙親身為父母為她所做的一切。不過，更重要的是，她開始把雙親視為「人」，明白他們也有自己要面對的問題。

跟第一趟回家的情況相比，第四趟旅程讓蘇感覺很不同，一切從表面上看來沒有太大不同：父親去機場接她回家的時候，一路上話還是很少，母親仍表現出生活範圍僅限於廚房的樣子。可是，蘇的反應有所改變，她會跟父親講述自己的事，蘇希望父親知道，她不再對母親消極的態度而感到憤怒了；當父親與蘇意見相左時，就算父親用從前讓蘇暴怒的字眼辱罵她，她也能堅持立場，同時不以失控的怒氣對父親大發雷霆。這對父女不再因此負氣拋下對方，反而「尊重彼此有不同意見的權利」。有時候，蘇會想對父親說「我愛你」，但她覺得他們應該沒辦法應付這麼親密的話語，至少目前還不行。

從這個案例來看，蘇與家人的轉變並沒有任何神奇之處，你也可以改變和家人相處的體驗。再次回家能夠幫助你最終眞正離開家，這也就表示你在情感上有所成長。如果你在原生家庭困難的環境背景中，能夠眞正做自己，那麼不管在哪裡你都可以做自己，而且你也比較能用靈活和適當的方式，處理眼前人際關係的問題。

Chapter 2

家人是
奇怪的生物

從某種意義上來說，家庭就像是一台構造非常簡單的機器，因為家庭由幾個最基本的齒輪組成，但其中包含了說不盡的內容：這些齒輪經由眾多不同的彈簧驅動，按照多種奇特原則與動力相互牽制作用。如此一來，雖然家庭這台機器構造簡單，卻可以媲美那些極複雜的機器，而且內部還包含各種奇異的運動，有如荷蘭絲綢廠的內部結構一樣複雜。

——勞倫斯．斯特恩（Laurence Sterne）
《紳士特里斯舛．項狄的生平與見解》
（*The Life and Opinion of Tristram Shandy*），一七六二年

1 家庭運作的方式

家庭並不只是一群各行其是的個體集合在一起，蘇吃了一些苦頭才了解這一點；家庭不僅是其中成員人數的加總，就像手不只是五根手指加上手掌，每根手

指也會根據它與每個部位的關聯，發展出自己的「個性」。如果少了一根手指，整隻手都會受影響，再也無法像原來那樣作用，剩餘的每根手指都得要適應這樣的改變，並且學習新功能。

家庭運作的方式也一樣，只不過比手指複雜得多。每位家庭成員都會發展出獨特的性格，這並非憑空形成；家中其他成員的性格與你的關係，以及你的應對方式，都會影響你的個性發展，他們的個性也會因應你的性格而發展及改變。

無論是與你共處一室的母親，還是三十年前就跑去澳洲的舅公，家中的每位成員都會以某種方式影響其他成員。在家庭中，沒有什麼事是獨立發生的，如果有一名成員生病了，其他成員都會受到影響，並對此做出一定的調整。接著，生病的成員也會調整自己以應對其他人的改變，這又會帶來更多變動。這樣的連鎖效應會一直持續下去，就像旋轉吊飾會受到風吹而隨之擺動，每當吊飾上的某個部位增加或減少重量，擺向或遠離重心，其他部位都會失去平衡，直到一開始改變的部分回歸到最初位置，或其他部分自我調整到適當的位置爲止。

每當有家庭成員觸犯法律、學業表現優異、工作晉升、懷孕生子或住院治療，其他成員就會爲了平衡而做出「補償」，不管一開始的改變是好是壞，都會發生這樣的「補償」，因爲改變本身就創造出不平衡，而不平衡會促使其他家庭成員盡快做出調整，以試圖修復平衡。

個人讓自己平衡的方式，和個人在家庭中創造不平衡的方式，都會決定所有家庭成員的整體健康與幸福。

案例

康蘇薇拉成年之後，與母親非常親近，她們每天都會通電話或見面。在母親過世後，康蘇薇拉與十三歲的女兒瑪麗亞建立了更親密的關係，試圖藉此重新平衡生活。康蘇薇拉與瑪麗亞日益漸增的親密感，在許多方面影響了家人：康蘇薇拉與丈夫變得更疏離，因為丈夫嫉妒她與女兒的感情；瑪麗亞對十一歲的妹妹也變得更冷淡，妹妹因此嫉妒媽媽和姊姊的關係。

瑪麗亞的人際重心在這個年紀本應從家庭轉移到朋友身上，但她又拋不下媽媽；她既怨恨媽媽對自己的依賴，又對自己的恨意感到內疚，所以她從未向任何人表達過內心的感受——就連對自己也沒有。結果，瑪麗亞經常因為小事心煩意亂，也時常胃痛，醫生診斷不出病因，便請這一家人去看治療師，在治療師那裡，大家終於可以公開討論家中的不平衡關係。

問題

①過去二十年來，你的原生家庭裡發生的重大改變是什麼？例如有人出生、死亡、結婚、離家，或其他身分的改變。

②家庭成員是怎麼應對這些改變的？

③你的兄弟姊妹又是如何參與這些改變？

原生家庭中發生的平衡與對抗平衡（counterbalancing）會影響我們一輩子，就算我們在青春期過後跟家人斷絕聯絡也一樣。除了生理驅動力（biological drives）之外，原生家庭中的平衡與對抗平衡是對我們最有影響的力量，沒有人能逃過這種強大的影響力。

在康蘇薇拉的案例中，母親的去世以全家意想不到的方式影響了所有成員。試試以下的練習，看看你的家庭關係怎麼找到平衡。

家庭的改變課題

選一件你平常會替親人做的事，你可以改變或停止做這件事。

例如：通常早上你會親過太太之後才出門，或者你會在上班時打電話給丈夫，或是你每天都會問兒子在學校做的事，這些例行事項請暫停兩週。

- 在想著改變這件事的時候，你的感覺是什麼？在你實際改變這個行為的時候，你的感覺又是什麼？

- 對方的反應是什麼？如果沒有明顯的反應，這個人有沒有其他改變？你又是怎麼應對他的反應？

在兩人結婚之後，我們往往會認爲他們的婚姻關係是獨立的實體，他們在一起生活所產生的快樂與問題，似乎純粹來自兩人的個性，而且完全取決於他們。例如，我們在這段關係中只看到喬和莎拉，如下圖所示。

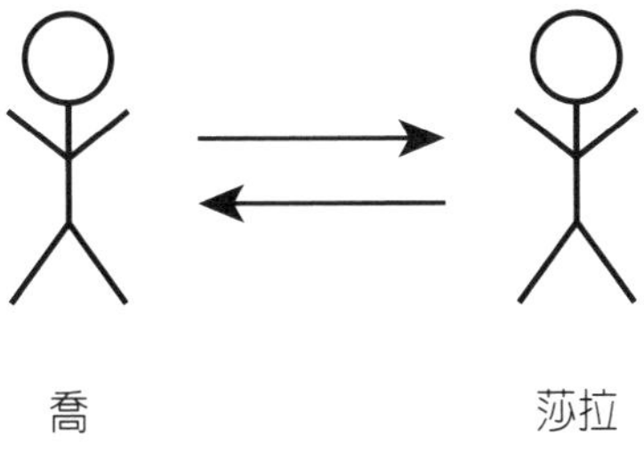

然而，實際情形卻大有出入。任何婚姻關係不過是兩件「旋轉吊飾」的結合，這麼說可能不太浪漫，可是喬和莎拉眞正的關係其實是如上圖這樣的。

在家庭中的經歷，成就了喬和莎拉現在的樣子。家庭中發生的事情、家人處理生活中不平衡的方式，都深深影響了他們，喬和莎拉也會傾向於用原生家庭的動態關係來看待及評估對方，他們的自我期許和對另一半舉止的期望，都源自個人的家庭經驗；婚姻不僅是他們兩人的結合，更是兩個家庭的相互碰撞和磨合。

從一個例子就能看出原生家庭對婚姻關係的影響，那就是喬和莎拉在金錢上的分歧與爭執。莎拉說：「他花錢很大手大腳，錢一到他的口袋裡像會燒出洞來，根本就留不住。」她想多存一點錢。喬則說：「她把錢抓得太緊了，根本沒辦法享受錢的好處。如果沒辦法花錢享受，有那麼多錢又有什麼意義？」

喬和莎拉的原生家庭塑造了他們對儲蓄和花錢的態度，他們的金錢觀可能和父母相同或相反，不過這樣的態度是隨著父母的金錢觀發展出來的。莎拉的父母艱苦地熬過了「經濟大恐慌」（Great Depression），因此十分強調儲蓄的必要性，而莎拉也認爲父母有理。

喬的父母也這樣告誡過他，可是他們更嚴格地限制喬的花費，就算他只花一點點錢，父母還是會說他花錢都不負責任。現在，只要莎拉提起喬花錢的問題，喬就會回想起之前與父母的爭執，而他回應莎拉的態度就跟當年他回應父母的方式相同，喬用原生家庭的經歷看待莎拉的金錢觀，而莎拉也一樣。

問題

①在目前的親密關係中，有哪些衝突讓你感到困擾？

②你有辦法把自己對這些衝突的反應，回溯到原生家庭的經歷或衝突嗎？舉例來說，和朋友或伴侶在一起的時候，你會感受到哪一種不愉快的情緒呢？在你的原生家庭中，有誰會挑起類似的情緒？這兩種情況有哪些相同點？你處理這些情況的情緒又有什麼相似之處？

2 家庭的規矩

每個家庭和每段關係都有規矩，這是一系列的期待，讓大家知道在各種背景與環境中要怎麼表現出合宜舉止，規矩指示了被允許和不被允許的舉動，同時也告知守規矩和不守規矩的下場與後果。

規矩可以分成兩種：清楚說明的「顯規矩」和未說出口的「潛規矩」，家庭中會發展出許多顯規矩和潛規矩。可以說出口的顯規矩很簡單，包括：「不要插嘴」、「要說『請』」、「音樂不能放太大聲」等。每位家庭成員都知道這些規矩，也可以公開討論，甚至可能在爭論後修改這些規矩。

未說出口的潛規矩就不一樣了，就算家庭成員都理解甚至同意，但大家不會公開認可或討論這些規矩。如果有人提起，即便連最堅信這些潛規矩的人都可能否認。例如：在某些家庭裡不允許生氣，但能夠接受沮喪的情緒；沒有人會這麼說出來，不過規矩就是：如果遇到不順心的事情，不可以發怒，但是可以憂鬱。

在其他家庭裡不允許表現出恐懼，或者只有女性成員可以這麼做，這樣的規矩是：如果家庭中的男人感到害怕，他們應該要否認這種恐懼感，即使面對自己時也一樣，然後以憤怒的表現取而代之。

有些家庭不允許難過的情緒，規矩是：永遠都要表現出開心的樣子，負面情緒不形於色。孩子在哭泣時，大人會告誡他「往好的一面想」、「不要碰到一點小事就哭哭啼啼的」，潛規矩就在這樣的話語中不言而喻。

有些家庭裡不允許爭辯，家庭成員都被要求時時保持愉悅和諧的態度，這樣的規矩也是說：如果你發怒了，就離開現場，直到自己冷靜，再帶著笑容回來。

在其他家庭，家人之間要產生共鳴的唯一方式就是爭執，這樣的規矩是：爭吵總好過冷漠或事不關己，透過激烈爭論可以表現出自己的在乎。

問題

①在你的家庭中，大家公開承認且可以討論的顯規矩有哪些？
②在你的家庭中，有哪些關於情感表達不能說出口的潛規矩呢？

在喬和莎拉對金錢的爭吵中，金錢觀不同只是問題之一，他們也各自從原生家庭中學習到處理爭執的不同規矩。

莎拉逐漸明白喬並不想存錢，因此更煩躁和情緒化，感到既憤怒又受傷，她說：「你根本不在乎我們的未來。」這麼說讓喬很難過，因為他在原生家庭中沒有遇過這樣的反應，喬變得很緊張，他會說：「等妳冷靜下來，我們再談。」這一類的回話，想藉此撫平莎拉的情緒。如果這麼做不管用，喬就拒絕與莎拉交談，並說：「妳現在非常不理智，等妳願意講理，我才要跟妳談。」莎拉認爲喬的意思就是等她願意讓步，喬才肯跟她討論。莎拉覺得喬的態度很高傲，也認爲喬拒絕和她一起解決問題，這兩項因素讓莎拉更惱怒，想摔東西洩憤，她也的確經常動手。

在喬的原生家庭裡，遇到衝突時不會以情緒化的爭吵解決，大家會短暫爭論，然後分開，各自回到屬於自己的角落，直到能夠微笑示人之後才出來。他們很少會再次討論之前的矛盾，也很少對此做出共同的決定。在莎拉的原生家庭裡，當衝突發生時，大家會在當下就處理並解決問題，大吵之後，衝突就結束了，大家又可以相安無事，而且在爭執的最後，一家人通常都會做出結論或決定。

這樣的情況讓喬和莎拉在解決衝突的方法上大有歧異，他們從原生家庭中帶來的經歷互相激烈碰撞，喬認爲莎拉沒有按照規矩行事，他覺得：「如果莎拉眞的愛我，就不會對我大吼大叫，她應該要更體貼，整天發怒和大吵並不是愛。」

莎拉則是認爲：「如果喬眞的愛我，他就應該面對我在這件事的擔憂，而不是忽略我、貶低我，他應該要更體貼，愛就是要讓對方知道你的感覺，即使你得用吼的告訴他也沒關係。」

喬和莎拉都覺得自己愛著對方，是對方不愛自己；他們也都覺得自己用了正確的方式處理衝突，而對方卻非如此；他們都覺得是另一半打破了規矩。喬和莎拉理所當然地認定彼此對愛情的看法相同，是對方故意找碴。這樣簡單的例子顯示，當沒說出口的潛規矩控制著大家的行爲舉止時，會發生什麼樣的情況——那就是沒有人眞正知道，到底發生了什麼事。

所有規矩的基本目的都是要控制家庭成員的關係，如果大家都配合遵守規矩，家庭關係就能保持平衡。每當家庭增加一位成員，新成員就要學習這些家規。家中的孩子以兩種方式學習家規，一是在他們打破規矩之後所經歷的焦慮感，二是在他們打破規矩之後，體驗父母的焦慮感。

問題

① 在需要處理家庭成員之間的分歧與衝突時，你的原生家庭的顯規矩和潛規矩是什麼？

② 對不同人或不同性別的家庭成員，處理衝突的規矩也不同嗎？年齡是否會影響這些規矩？

③ 在目前的家庭關係中，你繼續使用同樣的規矩處理衝突嗎？或是你已經改變這些規矩了？你現在所使用的規矩是否跟從前的規矩相反？還是你已經制定出「全新」的規矩了？

④ 另一半的原生家庭中處理矛盾的規矩又是什麼？對方習慣的規矩和你的規矩又有什麼衝突？

焦慮是不良情緒，焦慮感基本上就是對未知的恐懼。與對特定事物那種一般的恐懼感相比，焦慮感更爲糟糕，焦慮不安的情緒會讓你覺得脆弱無力。大部分的人（尤其是兒童）都會盡其所能避免焦慮的情緒。因此，我們全都學習以特定的行爲舉止避免憂慮不安，就算這樣會帶來其他令人不舒服的感受，例如我們寧可選擇沮喪或偏執，也不願意受焦慮所苦。能讓你感到焦慮的人就能控制你，父母在跟孩子打交道的過程之中，很早就學到了這一點。當孩子打破規矩時（無論是顯規矩或潛規矩），父母當然可以體罰，但最有效的懲罰就是收回關愛（withdrawal of love，或威脅要收回關愛）；每個人在年幼的時候都害怕被遺棄，收回關愛的懲罰就應用了這一點，遭受遺棄的威脅通常會引起孩子焦慮不安，這樣的焦慮感足以讓孩子改變以避免被拋下。

一個常見的例子就是父親告訴兩歲大的兒子該離開公園了，孩子不願意且不肯動，這位父親當然可以直接把孩子抱起來、強行帶他離開，不過他卻選擇採用心理戰術。他會走開幾步，然後說：「好吧，那你就留在這裡，我要走了。」等父親走了幾公尺之後，孩子自然會追上來。

這種遺棄的威脅，在多種情況中以不同的僞裝方式，被用來控制孩子性格的許多方面。因爲年幼的孩子極度需要父母，孩子寧願壓抑性格中讓父母反感的部分，也不願感受焦慮不安。事實上，孩子會跟自己說：「我一個人沒辦法生活，我需要爸媽，所以我最好不要做任何會失去爸媽的舉動。」我們就是這樣學會了一件事：「做自己」經常是危險的舉動。

當孩子打破規矩時，就算父母不使用體罰或心理懲罰，孩子還是會因爲父母變得焦慮而學會規矩。幼童爲了存活，必須對父母的焦慮極度敏感，一如幼童會密切注意父母在不在身邊，他們也發展出對父母情緒的認知。不管有沒有人說出口，父母難過的時候，孩子都會知道。孩子經常會覺得自己對父母的焦慮感有責任（有時的確是他們引發了父母的焦慮感），如果孩子做了一件事，父母因此感到憂慮，那麼孩子也會感到憂慮；如果這個情況經常發生，孩子就可能會停止做這件事。孩子會試著遵守規矩、照顧父母的情緒，藉此自我保護。

問題

①在你的家庭中，如果有人打破了潛規矩，家人的焦慮程度會產生什麼變化？誰會站出來反對，對逾矩的舉止大驚小怪，或因此變得焦慮呢？舉例來說，如果家中不允許發怒，而有人在家裡公開表現憤怒的情緒，這時候會發生什麼情況？這個情況又會如何被控制呢？

②如果有人不遵守顯規矩，會發生什麼事？

③你認為自己還在遵守的規矩有哪些？當有人打破這些規矩時，你又會有什麼反應？

Chapter 3

家庭成員間的親密與疏離

《創世紀》（*Genesis*）裡說……獨處不好，但獨處有時能讓人感到如釋重負。

——約翰・巴里摩（John Barrymore）

1 靠近一點，又不要靠太近

我們每個人一方面需要親密感（closeness，就是一體感〔togetherness〕），另一方面又需要保持距離（distance，或稱分離感〔separateness〕）；我們都需要歸屬感和安全感，也需要獲得愛、支持與認同，以及獨立自主、自由和自我導向（self-direction）的權利。

這兩種截然對立的需求會伴隨著我們的一生，隨著環境與人生階段不同，我們對這些需求的強度也有所不同。

我們在嬰兒階段完全依賴父母，唯一的渴求就是獲得他們時刻關注；到了兩歲左右，我們會開始嘗試與父母分離，卻又不要他們離開視線，如果父母有一段時間不在，或者我們找不到父母時，就會感到焦慮。隨著年紀漸增，我們也愈堅信：眞正需要的時候，父母一定會在身邊，於是我們可以忍受長度漸增的分離期。

到了青春期，我們會要求與父母分離，相信自己多少能夠獨立生活，雖然那時候，我們在許多方面仍持續依賴著父母，青春期的痛苦與困惑一部分來自這樣依賴與分離的兩難困境。在成年之後，我們就眞正離開原生家庭，踏上自己的人生旅程了。再過一段時間，我們會遇到某個人，並與這個人爲了親密感和距離感而展開新的拉鋸掙扎。

利用以下的練習，找出你在人際關係中是怎麼跟人變得親密或疏遠。

你的情感關係

畫一張圖表，列出你十歲時原生家庭中的成員，以圓形代表女性、方形代表男性，其中要包括你和所有家庭成員。依據你所認為當時大家的情感關

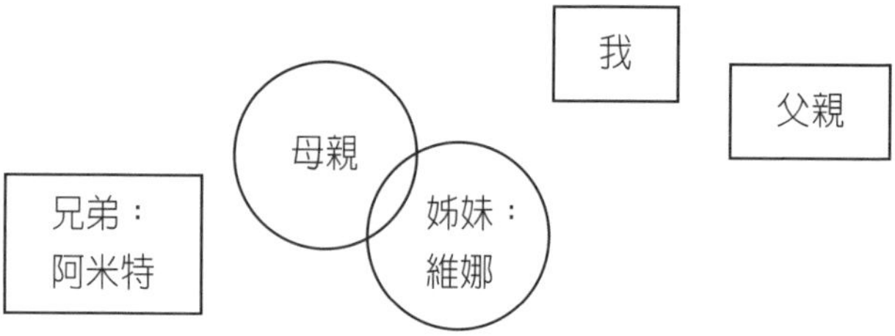

係，畫出靠近或遠離彼此的圖形。以上為範例。

試用同樣的圖表，畫出你在三歲、六歲、十四歲和十八歲時的情況，有沒有注意到圖形位置因時間推移而改變呢？你認為這些改變的影響是什麼？

接著，畫出你和原生家庭目前關係的圖表。

最後，畫一張你和現在的家庭（配偶或伴侶、小孩）的關係圖表；如果你處於單身，試想你未來的家庭會是什麼樣子，就此畫一張圖表。

在所有圖表裡，你有沒有看出什麼相似之處？

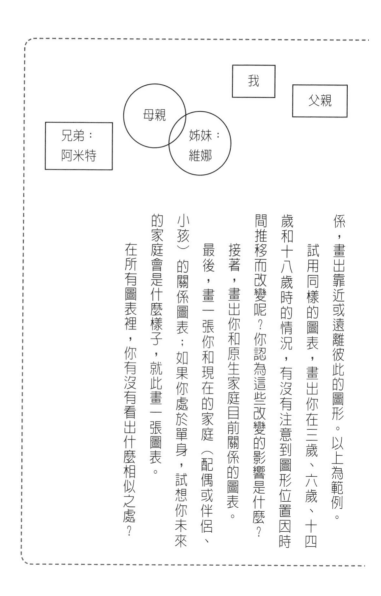

我們通常會吸引有相同親密感或疏離感需求的人，在所有可能成爲我們伴侶的人之中，我們會不由自主地找出「親密／疏離舒適程度」與自己相同的人；然而，這不表示我們就會表達相同需求或有同樣的舉動，事情沒有這麼簡單。通常兩個人的關係看起來會是：有一方想要更親近，而另一方想要更多距離。甲對乙說：「多跟我說話嘛！」乙卻對甲說：「讓我獨自靜一靜吧！」實際上，雙方在這個情況下各自扮演的角色，一個是「追逐者」（pursuer），而另一個是「逃避者」（distancer），藉此幫助平衡兩人的關係。如果其中一方轉換角色，另一方也會隨之改變，以維持家庭關係機制的平衡。例如：假使追逐者開始疏遠，逃避者在某個時刻就會變得焦慮，進而展開追逐。

夫妻經常就是因爲這個問題去看婚姻諮商師，大部分都是女方抱怨男方太冷漠，而男方則抱怨女方太黏人。可是，如果女方變得更獨立、不再過度要求另一半關注，男方經常會變得更依賴女方；男方也許不承認自己需要女方，可是會開始說出「她太自私了」或「她冷落了孩子」之類的話。

在各種人際關係中，人們大部分傾向扮演追逐者或逃避者，可是所有人都有能力扮演這兩種角色。傳統上，女人扮演追逐者的角色往往都是爲了「情感親密」，而男人扮演追逐者的角色往往都是為了「性關係親密」。要是沒有親密關係，追逐者就很難做自己，他們是需要別人才能生活的那種人，追逐者的動力基本上來自對於被拋棄的恐懼。

逃避者則是在與人親近時無法感到自在，往往會覺得快窒息了。這種人喜歡事情「按照自己的方式進行」，逃避者的動力基本上來自對於被「吞沒」（engulfment，意即「被控制」）的恐懼。

在良好的關係中，雙方在許多情況下應該都能調整與轉換為「追逐者」或「逃避者」，能夠確切知道自身的需求，也可以表達出對親密或疏離的要求。

問題

①在你的原生家庭裡，誰是追逐者？誰是逃避者？

②你的母親在哪種情況下會變成追逐者？在哪種情況下會變成逃避者？你的父親在哪種情況下會變成追逐者？在哪種情況下會變成逃避者？你的

兄弟姊妹又是如何？

③你和家人在情感上親密或疏遠到什麼程度，是你可以接受的？你可以因為自己的需求而轉換為追逐者或逃避者的角色嗎？抑或只能單向扮演一種角色？如果答案為後者，你又是怎麼應對的？

④如果你想更親密或更疏遠，誰會感到最焦慮呢？如果換成家人想要親近你或疏遠你，你會有什麼反應？

⑤你在目前的親密關係中，主要扮演哪一個角色？你的角色是根據交往的人轉變，還是根據情況不同而改變？另一半會對你的追逐或逃避做出反應嗎？

有時夫妻堅持不分手，但每年都針對親密／疏離的問題爭執不下，當一方持續要求更親密、另一方卻要求更疏離時，他們都沒有意識到兩人藉此保持了彼此對親疏的舒適範圍，而這樣的範圍是在他們各自的原生家庭中所建立起來的。這樣的夫妻到最後可能會離婚，然後跟別人再婚，同時相信新伴侶能做到他們真正想要的，並且會跟前一位伴侶有所不同。他們會再次選擇跟自己有一樣舒適範圍的人，從前那一整套戲碼又會再次上演。雖然內容或角色可能有所不同，也就是說，跟第二春爭執的問題可能會不同，原本的追逐者可能會變成逃避者，但基本模式還是一樣。

人可以改變自己的「親密/疏離舒適度」，通常可以在一定程度上多一點或少一點，但是大家還是會持續調整，以找出相處關係中親密/疏離舒適度的新平衡。

2 表象會欺騙人

親密感與疏離感之中很微妙的一點，就是外表上看起來愈獨立的人，都只是在假裝獨立。這種人利用疏離當手段，好控制自己對親密感的恐懼，他們可能極度需要親密感，又害怕親密關係，只好建立距離取而代之。

對親密感沒有明顯需求的人，會選擇堅持要「在一起」的人做為伴侶，這位伴侶代表了他的另一面，就是他本身對親密感與疏離感矛盾的那一面，這兩個人的親疏舒適度事實上是相同的。然而，因爲兩人處理親密感與疏離感需求的方式不同，這段關係還是會遇到風風雨雨。他們會爲了親密和疏離的程度爭執不下，就像在吵冷氣溫度那樣，一個人才剛把溫度往上調，另一個人就走過來往下調，這兩人都不滿意另一半的行爲，可是他們都設法把溫度保持在還算穩定的設定中，就是介於兩人極端的中間值內。

矛盾的是，就算那些公開承認需要經常和伴侶在一起的人，通常都沒辦法應付親密關係（intimacy）。眞正的親密關係是與不同於我們的另一半，建立公開、互相包容的關係。經常需要親密感、時時都想和伴侶在一起的人，很難接受別人跟他們不一樣。他們很難把自己分開來思考，因此總會說：「我們認爲……」、「我們覺得……」而不是「我」覺得或「我」認爲。他們會堅持說：「我們在想到自己以前，會先想到對方。」他們說著自己如何替別人犧牲奉獻而不自私自利，擁護「愛他人」和「同情他人」的價值觀，可是他們經常操弄這些價值觀，覺得自己對別人的幸福有責任，如果有人不開心，他們會問：「我到底做錯了什麼？」如果他們自己不開心，也會怪罪到別人身上。

利用疏遠保持人際關係平衡的人，會時常叨唸追逐者不支持、不關心、不體貼他們；然而，逃避者最常用的回應就是沉默，他們會直接放棄、退出，還會說：「我不知道。」以避免和他人交流接觸。

不過**請記得**，就算追逐者和逃避者看起來很不同，處在人際關係中的兩者對於一體感都有同樣的基本需求。

試著用以下的練習看看追逐和逃避如何影響了你與他人的相處關係。

逃避與追逐

先決定你通常是逃避者或追逐者，再從身邊重要的人際關係中，選一位扮演相反角色的人，然後試著扮演這個人的角色一週。就是利用與你平常相反的角色，和選定的這個人相處；在你扮演相反角色的時候，試著比這個人做得更好。如果你扮演的是逃避者，就要比選定的逃避者原本的表現更疏離，請記下你和對方在這個過程中的所有反應或變化。

接下來，在雙親或家庭成員中選擇一位做這個練習，你和這個人的相處始終保持固定模式，在你改變了這個模式以後，你們倆各自發生了什麼變化呢？

3 每個人都需要媽媽

就跟許多其他事物一樣，我們對一體感的需求源自原生家庭，在大約六歲到九歲之間，會開始意識到父母無法給予我們需要的所有關愛、包容和安全感。隨著年紀漸增，我們漸漸產生幻想——在世界上的某處有這麼一位理想伴侶，他／她能填補我們所有的空虛，這種幻想在青春期達到巔峰。我們期待感受到「戀愛中」的那一刻，以及體驗真正的親密感；在父母身上無法得到的東西，我們會幻想從伴侶身上獲得。

這其中所隱藏的主要期待，是「那個人」（幻想中的未來伴侶）會帶給我們盼望已久的完美結合與幸福。在所有人裡，比較會幻想的人認為「『那個人』具備了理想伴侶的一切條件」；其餘人則認爲自己有辦法把「那個人」變成理想中的模樣。

案例

茱迪絲的父親因為情緒問題而幾度住院治療，母親則極度焦躁，所以不太能照顧人。茱迪絲身為三個孩子之中的長女，基本上家裡的事情都由她一手包辦，才讓整個家能順利運作。她夢想著有一天能夠逃離，好過上正常一點的生活。

在第二次婚姻失敗後，茱迪絲尋求心理治療，想找出自己到底出了什麼錯；儘管她有能力又迷人，她的成年生活卻和原先所想的大相逕庭。

茱迪絲在治療的過程中發現，她一直希望得到丈夫的肯定，以為能因此自我感覺良好，因為這是她在父母身上從未得到過的。一直以來，茱迪絲都是情感的追逐者，可是她從來沒有經歷過真正的親密感，所以當有機會與另一半親近時，她反而不知所措。她選擇的男性基本上和她的原生家庭有著相同的親疏舒適度，所以他們給不了她既想要又害怕的親密感。每當茱迪絲與能夠賦予親密感的男性約會時，她會刻意疏離並中斷這段感情。

孩子在愈小的時候缺乏教養與指導，往後對「那個人」的幻想就愈強烈，相信「那個人」會讓一切更美好。他們與伴侶的幻象墜入愛河，以爲對方跟夢想中一樣，能夠提供自己所需的一切。當現實與夢想不符時，就會感到憤怒、沮喪，既失望又受傷。他們通常會試著找出到底該怎麼做，才能從另一半身上得到自己想要的東西。

人們如果得不到自以爲需要的東西，通常都會怪罪到別人身上，而那些怪罪自己的人則通常會找出另一半想要的東西，採取行動極力迎合，藉此贏得對方的愛或認可，他們的付出都是爲了收穫。

如果他們認定是另一半的錯，就會想盡各種辦法試圖改變對方，這些方法可能包括了奉承、批評，甚至肢體攻擊。

案例

萊拉是家中的長女，有兩個妹妹。萊拉度過了十分混亂的童年，除了不停地搬家之外，她也經常離開父母，跟親戚住在一起。萊拉的父母時常吵架，因此她下定決心，自己結婚以後一定要擁有穩定幸福的家庭。於是，她學會了許多生活技能，認為這些技巧能幫助自己達成目標。

然而，她卻嫁給了漢克。漢克個性孤僻，是家中的獨生子，兩人的家庭觀完全不同。漢克基本上獨來獨往，對教養子女和家庭生活沒有太大興趣，只想要有個人能夠照顧他、愛慕他。

漢克和萊拉對彼此的需求起了強烈衝突，各自使用在原生家庭中應對衝突的方式，來處理兩人的分歧。萊拉講話時愈來愈像她那位「毒蛇」母親，她一直都很討厭母親這樣的舉止，而漢克則漸漸變得像他那疏遠家庭的父親；漢克的父親有多次外遇，而且經常不回家。

漢克和萊拉時常搬家、吵架，他們的十九歲女兒珍妮也慢慢開始說出萊拉在相同年紀時說過的話，她希望能擁有「穩定幸福的家庭」，可是珍妮對待男友的方式，與母親對待父親的方式如出一轍。

萊拉與漢克都對婚姻抱有憧憬，這樣的期待主要基於他們童年未獲得滿足的需求。兩人在結婚時都以爲對方會主動提供自己想要的東西，甚至還堅持要求另一半給予自己想要的東西。萊拉與漢克互相責怪，並要求對方改變；事實上，他們對親密感都感到不自在，就連女兒珍妮也是如此。

在人際關係中，太親密或太疏遠都會對感情造成威脅。夫妻或情侶在激情做愛之後大吵，這種現象也不少見，原因在於兩人害怕「太過親密就會失去自我或變得太容易受傷」這件事。很多人都有這種錯誤想法，以爲要建立親密關係就得放棄自我，其實在感情關係裡，太疏遠也一樣可怕，真正的挑戰是要學習怎麼與人親密、包容和放開心胸，同時各自保有獨特又完整的自我。這是做得到的，你在接下來的篇章中就會看見。

Chapter 4

你沒有比較好，你只是不一樣

——處理分歧

在錯綜複雜的家族網絡中，各代成員都牽連在一起，我們無法改變這件事。顯而易見的是，家庭成員常常在應對時忽略這一點，他們會因為衝突或宣稱「彼此沒有共通點」而斷絕關係。可是，當家庭成員表現出家庭關係可有可無的時候，就會危害到自己的身分認同感，還會損害自己的情感與社會背景的豐富性。

——伊莉莎白・A・卡特（Elizabeth A. Carter）與蒙妮卡・麥戈德里克（Monica McGoldrick），《家庭生命週期》（*The Family Life Cycle*）

1 差異帶來的焦慮感

大部分已婚人士都覺得配偶跟自己很像，而且兩人的生活目標一致。不過，沒多久就發現這並非事實。大部分的人在度蜜月時，如果沒有因爲兩人差異而與另一半發生嚴重衝突，例如幾點該起床、去哪裡吃晚餐、怎麼擠牙膏等，就算很幸運了。而上述這些在感情關係裡，僅是潛在嚴重爭執的開端而已。雙方都會開始懷疑自己做的決定是否正確，也許自己選錯了人，結果嫁／娶了「變身怪醫」（Dr. Jekyll，譯注：在該部電影中，善解人意的醫生在喝下變身藥水後，變成邪惡恐怖的人），因為另一半的樣子跟一開始似乎截然不同，而且感覺兩人不會像原先預期的那樣幸福快樂地生活。

如果兩個人要建立強烈而親密的關係，就一定要先發現彼此之間的顯著差異，這是很正常的。眞正會引發問題的，是我們處理彼此差異的方式。大部分的人會把兩人之間的差異看成威脅，分歧會破壞理想中的感情關係：所謂良好的感情關係，就是兩人之間持續的和諧，雙方同時想要同樣的東西。

當兩人的差異浮現時，大部分的人都會試圖讓另一半更像自己。畢竟，親密關係不就應該是在人生道路上有個志同道合的同伴併肩一起走下去嗎？可是，當我們發現情況並不是這樣的時候，就會開始感到焦慮。接下來，按照一般模式發展，我們會認爲是對方的行爲造成我們焦慮，並對自己說這類的話：「我會不開心都是因爲她，假使她能改變，而且表現得像我想要的那樣，我就不會覺得那麼糟了，一切都是她的錯。」

「爲什麼女人不能多像男人一點呢？」《窈窕淑女》（*My Fair Lady*）中的希金斯教授（Professor Higgins）感嘆道。我們則附和他說：「爲什麼你不能更像我一點呢？」當然，我們通常都太世故，不願意承認這就是我們想要的，所以把眞實意圖藏在表面思想裡。我們想著配偶、孩子、上司或其他人「應該」要表現出特定的樣子，我們常會說「你應該如何如何」之類的話，但話裡眞正的意思是「我想要你這麼做」。舉例來說，當貝塔對史蒂芬說：「你應該多跟我聊聊。」貝塔其實是在掩飾對兩人差異的憂慮，眞正的問題在於她喜歡聊天而史蒂芬不喜歡。如果貝塔對兩人差異並不憂慮的話，她大可以說：「我很希望你能多跟我聊天。」這番話就誠實地表達了她的需求；或者史蒂芬也可以對貝塔說：「我希望能靜一下。」而不是「你太多話了」。

當然，這樣的互動不僅止於夫妻之間，在所有具備差異性的人際關係中（也就是所有的人際關係）都會有這種互動，而且至少有一人會因爲分歧而感到焦慮。不管是父母與孩子、朋友、同事、種族團體（在這種團體中，差異會更顯著），還是勞工與管理階層、自由派與保守派，世界上所有國家和民族都必須與差異性共存。

問題

①在你的原生家庭中，最主要的差異有哪些？家中成員如何處理這些分歧？有沒有誰處理特定分歧比其他人還要得心應手？

②你和伴侶之間存在的主要差異有哪些？你如何處理這些分歧？你會用什麼方式改變伴侶？你的伴侶透過哪些方式改變你？你對此有什麼反應？

2 對一致性的強烈要求

誠如前面提過的，在感情關係中，如果有一方因兩人的差異而感到焦慮，他/她通常會試圖改變對方；貝塔試著讓史蒂芬變得跟她一樣，成為健談的人，而史蒂芬則試著讓貝塔變得像他一樣獨來獨往，兩人的關係會因爲在異中求同而產生許多壓力。然而，改變別人並不容易，親身試過、有五十年經驗的夫妻也會這樣告訴你。被要求（命令）改變的那一方通常會有以下四種反應，他們可能會：

1 順從
2 叛逆
3 攻擊
4 斷離

我們會在下面的敘述中詳細討論這四種反應，你可能已經認出家人會使用以上策略裡的一種或全部，甚至你自己也有過上述的反應。大部分人會同時採用這四種反應，也有人會看情況選擇，不過每個人通常都會有一種最喜歡的應對模式。

不管你是要求對方改變，還是那個必須有所改變的人，最重要的是了解：當改變的要求出現時，這四種策略是最常見的反應方式。這些反應不會脫離「改變」的背景獨自發生，沒有人是所謂的「好人」或「壞人」，大家都只是想要應對差異所帶來的焦慮，以及處理家庭中對親疏需求的威脅。在針對這些策略的討論中，我們的重點會放在配偶身上，不過同樣的情況也會發生在其他人際關係中，無論是親密交往或隨意的（性）關係都適用。

1「親愛的，我只要你想要的」——順從者

面對相同要求的時候，順從者應對的方式就是假裝兩人之間沒有差別。這在婚姻中最常見，夫妻對外槍口一致，就連親生孩子都不知道父母內心眞正的感受爲何。

他們避免衝突，因爲衝突會凸顯兩人的差異，夫妻團結才是理想境界。這種人可能或多或少會意識到自己需要空間，以及與對方的不同點，可是，他們又認爲這種需求是錯的，而且會摧毀感情，於是選擇忽視。

這種夫妻表面上看起來婚姻美滿，因爲他們從不吵架。然而，順從者會找出其他方式來表現自己的立場，像是妻子一上床就說頭痛以避免和丈夫親熱的老戲碼，就是順從型妻子發揮力量，堅定個人立場的例子；這麼一來，妻子可以對自己和丈夫否認兩人之間有衝突，同時又能假藉身體不適來保持距離。

案例

阿曼達和亞伯帶十六歲的女兒波莉去看心理治療師，他們向治療師表示波莉有性濫交的問題。阿曼達和亞伯否認婚姻有問題，還說兩人在一起非常開心。

當治療師問起他們是怎麼跟波莉談論性和性慾這一類的話題，他們的回答是：除了說過性禁忌之外，從來沒有和波莉討論過性的問題；當治療師問起他們怎麼跟彼此討論性事，阿曼達和亞伯承認兩人其實不會討論，事實上他們已經很久沒有親熱了。

阿曼達表示自己從來沒有享受過性愛，亞伯說自己從阿曼達的表現看出了這一點，所以不再向她求歡，甚至也不跟她討論這類事情。亞伯順從了阿曼達的意願，他們倆對性的焦慮轉移到女兒身上，波莉的症狀點出了阿曼達與亞伯的婚姻問題。

無論具體模式爲何，順從者的基本需求就是「不惜一切代價保持和平」，他們害怕衝突，尤其是衝突之後可能導致兩人分離。這麼看來好像只有一方在避免衝突，但其實雙方都不希望起衝突，於是兩人不知不覺地採取這種手段對應焦慮感。兩人都沒有充分探究對方對某個議題的信仰、原則、看法和感受，取而代之的是忽略彼此的差異性，結果從未眞正了解對方與自己；他們一直沒有意識到兩人的差異具有帶來問題解決之道的優勢。

記住，順從者不全然是弱勢無力的一方，看似軟落無力的弱勢者也能擁有許多力量，他們時常表現出犧牲自己成全別人的樣子，然後說：「不用管我啦！你就去做你想做的事情就好。」

這種弱勢者有能力讓他人感到愧疚，而且也很會利用這一點。感情中所謂的「弱者」，通常都會獲得一定的「交換補償」（trade-offs）。弱勢者會在不知不覺中認定：「好吧，我願意讓步，在這件、這件和這件事上妥協，但下次你最好聽我的。」如果對方下一次沒有妥協，弱勢者就會冒著起衝突的風險，大喊：「我爲你做了這件和這件事，結果你卻連那件事也不願意替我做！」就算弱勢者這次的手段沒有奏效，他／她還是成功地爲下一次增加了對方的罪惡感。

順從者應對缺乏親密感的方式之一，就是積極投入婚姻之外的人際關係。例如，熱心參加教會或社區活動、付出心力照顧年邁的父母、積極培養興趣或全心投入工作。許多身爲順從者的母親會過於干涉子女的生活，這通常對母親和孩子都會造成傷害；父母如果以順從方式對待彼此，這樣的孩子大多在將來難以負責自己的一切，因爲父母太過投入在孩子身上，一手包辦孩子自己該做的所有事情。父母專注於孩子的一舉一動，可以避免面對和處理兩人之間的差異，以及對親密/疏離的需求。

順從者經常是精神或身體不太健康的一方，他們應對伴侶間差異的掙扎，可能會藉由以下症狀表現出來：頭痛或背痛、輕度憂鬱、酗酒、頻繁失業、罹癌、心臟疾病或嚴重情緒障礙（需進入專業機構接受治療）等。

案例

羅貝多曾經酗酒八年。神智清醒的時候，他在婚姻關係裡無法為自己辯護；因為羅貝多的母親極具權威，而他順從妻子就像小時候順從母親那樣。

可是只要他一喝醉，情況就完全變了樣；他變得怒氣沖沖，還會對家人口出穢言——羅貝多的家人都知道他在清醒時絕對不可能說出這些話。當羅貝多漸漸學會在婚姻中替自己開口後，他變得更堅定、更有自信，而且酗酒次數也大幅減少。

問題

① 在你的原生家庭中，誰是順從者？這位順從的成員在哪些不明顯的方面具有強大力量？他／她以順從方式應對而獲得的補償又有哪些？

② 現在的你會在什麼情況下選擇順從，不願意公開承認自己和某人之間的不同呢？

當然，現在你應該已經猜到了，順從者不只會以生病來表現及解決自身的焦慮，他們的另一半也有同等程度的焦慮感，順從者的「生病」變成了焦點，吸引雙方的注意，藉此忽略兩人對差異的所有憂慮，並使家庭關係保持平衡；如果生病的一方已經康復，他們也會找出其他方式避免面對兩人的差異。

2 「我行我素」——叛逆者

叛逆者表面上看起來很需要保持距離和獨立性，但那是因爲眞正全然獨立太嚇人，所以他們還是與人保持夠近的距離，然後表現反叛行爲。當A叫B這麼做時，B卻選擇那麼做，就算B聽A的話結果會比較好，B還是會選擇用自己的方式行事。

叛逆者從來學不會到底該怎麼做，才能保障自己的「與衆不同」。叛逆者太過投入反向行事——不照他人的要求做事、不按牌理出牌，結果反而沒辦法決定自己眞正想要的是什麼。叛逆者太忙著抵制別人設定的目標，結果反而沒辦法爲自己設立目標；對叛逆者來說，獨立的意思就是做和他人期待相反的事。然而，就算這麼做了，叛逆者實際上仍然受控於他人，眞正發號施令的還是對方，叛逆者不過就是反向操作而已。

當然，要成爲成功的叛逆者，就要有可以反抗的對象。大部分的叛逆者都能輕易找到愛提供意見的「權威人物」，這些人永遠都是對的：「就那樣做，不然你絕對會後悔／受傷／考試不及格／被解僱／發生意外。」這樣一來，當權威人物預言的壞事發生時，權威人物就可以說：「我早就跟你說了，你根本就應該聽我的（或學我那麼做）。」

不過接下來，權威人物通常會介入收拾殘局，不管發生了什麼災難，他們都會替叛逆者承擔責任，因此叛逆者很少承受自己的行爲所帶來的後果，因爲身邊總是有人幫忙他脫困。

如果家中有同性別的孩子，叛逆者通常都是次子或次女，他們在家中花很多時間、費盡心思要表現出自己與長子或長女的不同，他們要靠自己獲得家人的接受和認可。一般而言，叛逆者的兄弟姊妹往往更循規蹈矩而受到家人認同，身爲叛逆者的次子或次女，通常會和另一家的長子或長女結婚，藉此繼續反抗權威；過去負責照顧弟妹的另一半，現在則很樂意用權威管理身爲叛逆者的配偶。

一方具有權威，永遠都試著證明自己是對的，另一方則扮演叛逆者的角色，從來都不用爲自己的行爲負責，某些夫妻可以長期維持這樣的關係。

案例

蘇琳是家中的次女，嫁給了身為長男的尼可拉斯。蘇琳習慣依賴，而尼可拉斯願意做主，兩人在許多方面都合得來。可是，蘇琳不喜歡「依附別人」這樣的形象，於是她變得有點「女權主義」，總談論著男人怎麼樣限制女人。然而，她從來沒有採取任何替自己做決定的行動，雖然抱怨尼可拉斯老是替她做主，但她也一直照做。

後來，尼可拉斯因為心臟病發作去世，沒有了他，蘇琳竟然不知該怎麼生活。一直以來，尼可拉斯都被蘇琳用來掩飾自己內心的恐懼，其實她一直害怕成為獨立自主的人。蘇琳的反叛只是表面而已。

問題

① 在你的原生家庭裡，誰是叛逆的那一個？其他人對此如何反應？

② 在你目前的生活中，表現叛逆的人又是誰？你是屬於權威的一方，還是反抗權威的那一方呢？如果沒有「權威者」和「叛逆者」的對抗，你的生活又會怎麼樣？

3「我才是一家之主」——攻擊者

攻擊者也會因爲與伴侶的差異而感到焦慮，他們應對的方式就是把自身的焦慮感和其他問題都歸咎於他人。攻擊者知道自己想要什麼，如果得不到的話，就會非常氣惱；他們認爲自身的沮喪都是他人造成的，而且勇於表達這樣的觀點：「要是你能長進一點（或更體貼/更善解人意一點等），我就不會覺得那麼糟糕了。」攻擊者把他人都視爲問題，同時公開用各種可行的手段，試圖改變他人。

在感情關係裡，如果雙方都是攻擊者，那麼相處上一定充滿紛爭，因爲雙方都試圖在各方面展現優勢（或至少與對方平起平坐），攻擊和反擊幾乎持續不斷。無論衝突的焦點是什麼（可能是「想看什麼電影」這樣簡單的問題），除非一方終於完全同意/理解另一方的觀點或作法，否則一定會有一方因此感到失望難堪，兩人會耗費大量精力在讓對方認輸上。

案例

唐娜和喬夫因為品味不同而經常爭吵，舉例來說：唐娜喜歡古典樂和知性書籍，而喬夫則喜歡搖滾樂和懸疑小說。他們只要一有機會就互相攻擊，喬夫說唐娜「裝腔作勢」、「自以為了不起」；唐娜說喬夫「愚蠢」、「虛偽」。其實他們都對彼此的差異感到焦慮，因為害怕對方否定、不認同自己，於是費盡心思，極力向對方證明自己的喜惡才是「正確」的。

在心理治療的過程中，他們開始對自己的價值感到自信和自在，不再需要堅持另一半分享自己的價值觀。最後唐娜和喬夫終於認清了沒有誰對誰錯，他們只是不一樣而已。一旦接受了兩人的差異，唐娜和喬夫也變得更能協商。例如：他們輪流決定在車上要收聽的廣播電台，而且不批評對方的選擇。在人身攻擊消失之後，唐娜和喬夫能夠更快找到解決事情的辦法，都不再覺得受到攻擊。

投身於這種權力爭奪的兩人，經常會覺得一定要對方先改變，自己才能改變，他們陷入互相敵視的循環，在這種循環中，一個人的「不良行爲」（bad behavior）是由另一人的「不良行爲」造成的。他對她說：「假如妳不要那麼嘮叨，我就不會喝那麼多酒了。」兩人之中必然要有一個人先改變，才能停止這種惡性循環。

攻擊者潛在的一個問題是他們的自尊心低落，不管是有意識或無意識，雙方都覺得自己不夠好，都想要另一半讓自己感覺更好。不過，受到攻擊的人很少會想付出更多，所以這樣的策略本身就行不通。

案例

貝蒂和阿齊姆經常把婚姻中的問題歸咎給對方，無論問題大小、內容是什麼，例如：走哪條路到奶奶家、去哪裡度假、誰花了比較多錢等，他們都認為自己的決定才是「對的」，而另一半是「錯的」。貝蒂和阿齊姆都能清楚羅列對方的缺點。

他們決定嘗試婚姻諮商，可是兩人的目的都是為了要「矯正」另一半。

婚姻諮商師一開始問了他們的家庭背景和過去的經歷。貝蒂和阿齊姆最初覺得這些問題既沒必要也無關緊要，因為兩人都不覺得各自的家庭背景有什麼問題。然而，隨著諮商繼續進行，貝蒂和阿齊姆看清了彼此的家庭背景怎麼造成問題，因而變得熱中於分析另一半的家庭與怪異之處。

在貝蒂和阿齊姆終於摸清自己在原生家庭的經歷與感受之後，也發現了他們的婚姻發展出來的模式源自原生家庭；他們意識到各自的自尊都很脆弱，而且對另一半說的任何評論都極度敏感。當貝蒂和阿齊姆開始為自己的感受更負責，同時減少對另一半的期望，他們之間的權力爭奪就減少了，雖然有時候他們還是會吵──誰改變了比較多！

問題

①在你的原生家庭中，誰公然投入權力爭奪戰？這樣的權力爭奪是怎麼開始的？後來又是怎麼結束的？

②你目前是否處於任何權力爭奪中？除了攻擊和反擊之外，你還能做什麼？是什麼讓你陷入這樣的紛爭之中？

4 「再見！」——斷離者

對於一些人來說，應對任何要求的唯一方式就是離開或斷絕關係，當感情關係發展到太緊繃的時候，斷離者就會精神抽離或轉身離去。巧妙一點的斷離者會打開電視，中止對談；戲劇化一點的斷離者可能會離家，甚至離開居住的城市或國家；很多人可以同住在一個屋簷下，但情感上卻相隔千里遠。

切斷關係的其中一種情況是丈夫仍繼續與妻子同住，同時表現出順從的樣子，可是他在情感上早已與妻子同床異夢。另一種情況是剛成年離家的年輕人只有在絕對必要或不可避免的情況下，才會義務性地回家探望，本書開頭提到蘇的例子就是如此——蘇盡量不回家，藉此避免與愛爭執的父親見面。雖然蘇在離家的大部分期間，是有能力獨自應付生活的成年人，但她見到父親時，卻無法避免一如青春期的爭吵。

斷離者會斷絕關係，通常是因爲覺得自己十分無力，他們認爲另一半掌握了所有權力，而他們看不出有任何方式可以和這樣強勢的人建立親密關係。斷離者對自己非常不確定，因此孤立自己以否定自身對他人的需要與渴求。斷離者通常就跟叛逆者一樣，他們看起來非常獨立，但僅止於表面。斷離者藉由保持情感距離才能獨立，他們若是和別人親近，就會感到非常焦慮，所以只要不投入私人感情，斷離者在社交和工作上都能表現正常，甚至十分優秀。斷離者在原生家庭中未解決的情緒依附（emotional attachment）程度愈高，就愈有可能在情感上與他人切斷關係。而被斷交的人也會覺得很無力，進而認為切斷關係的人掌握所有權力，在親密關係中，受拒者在斷離者面前通常找不到任何方式做自己。

案例

艾薇塔與赫南多在結縭二十年之後開始產生愈來愈多衝突，大多是因為艾薇塔自身變化引起的。

在他們婚姻中的前十七年裡，赫南多一直都是家裡的主事人，他藉由專斷獨行的行事風格，切斷對艾薇塔的情感投入。赫南多從前也是用這樣的方式斷絕與原生家庭的關係，藉此保護自己不受家人的批評所影響。即使他看起來極度獨立自主，尤其和艾薇塔相比更是如此，但其實赫南多的內心非常依賴；只要和妻子保持距離並處於支配地位，他就能避免感到焦慮；只要艾薇塔百依百順，赫南多就能接受這段關係。

可是艾薇塔不再像從前那樣順從，最後終於告知赫南多，她要離開他。當赫南多發現恐嚇也無法留住艾薇塔的時候，他就徹底崩潰了。他乞求艾薇塔，還跟她說自己沒有她會活不下去、她是他生命裡最重要的人。

赫南多在原生家庭裡從來沒有真正學會怎麼處理自己對情感的依賴，而這樣的情況變成他的婚姻問題。

切斷對原生家庭的情感是很常見的模式，我們以為只要斷絕和原生家庭的關係，就能不受家人力量的控制、家人就影響不了我們，問題就都解決了。結果，在原生家庭中沒有解決的問題，隨後會跟著我們進入新的感情關係中，最明顯的例子就是現在有人不斷地結婚、離婚、不斷地更換伴侶，但他們還是無法成功發展出令人滿意的感情關係，而且每次都一定是新伴侶的「錯」。

問題

① 在你的原生家庭中，誰跟家裡斷絕了關係？父母之中是否有人部分或完全和他們的原生家庭切斷了關係？是什麼原因造成他們斷絕關係的呢？家中其他成員對此有何反應？這種切斷關係的情況又是怎麼影響了你的人際關係發展呢？

② 你是否和原生家庭中的部分成員斷絕關係？這個決定對你有什麼幫助？有什麼阻礙？

如果家庭成員之間天生的差異變得太具威脅性，一位或多位家庭成員就會開始要求一致性。除非有人發展出強烈的自我意識，否則大家的反應通常就是本章所敘述的四種應對方式之一。

相反地，關係健康、運行良好的家庭，可以忍受各成員的許多不同點，這種家庭裡的成員會認為大家的差異既正面又有趣，並利用這些不同點互相激勵、共同成長，而且不畏懼分歧。

Chapter 5

如何保持真我，同時保有友誼

年輕的時候，我想要改變世界；等長大了一點，我發現這個目標太過遠大，所以決定改變國家；等再大一點，我發現這個目標還是太遠大了，所以我決定改變身處的小鎮；等我意識到自己連這個目標都無法達成的時候，我試著改變家人。現在我年事已高，了解到當初應該從改變自己著手；如果我從自身開始改變，也許就有可能改變家人、小鎮，甚至國家，而且說不定——我甚至還能改變世界！

——哈西德派猶太教拉比臨終遺言

1 保持真我，了解自己

在喬愛爾・錢德勒・哈里斯（Joel Chandler Harris）講述的舊南方民間故事裡，布雷爾兔（Br'er Rabbit）走在人生的道路上，一邊走一邊愉快地吹口哨。後來，他在路邊遇見「柏油娃娃」（tar baby），柏油娃娃對布雷爾兔口出惡言，於是，布雷爾兔便痛揍柏油娃娃，結果自己的手卻沾到了柏油。他試著揮動手腳，最後卻完全陷入柏油之中。最初，布雷爾兔以爲，避免他人對自己惡言相向，就是保持自我的方式，最後卻忽略了自己的目標，因爲太在意別人對自己的評價而陷入困境。

人也一樣，我們對他人的言行舉止反應愈大，就愈會與自己的目標脫節，還會陷入別人替我們制定好的計畫中。情感成熟的人，能夠在和他人親近的同時，又不受他人的看法、需求和評價所束縛；心理治療師將之稱爲「分化」（differentiation），就像一個細胞從另一個細胞中分離出來，但仍保持接觸。

原生家庭和解的主要目標之一，就是幫助你確認並追尋自己想要的東西（就是「做自己」），同時又和他人維持親近的關係。大部分的人一次只能做到其中一項，要不是爲了親近而順從，就是與之斷絕關係以便做自己。

如果交往的對象和你想要的一樣，那麼你很容易就能做自己；當兩人想要的不一樣時，歧異就會出現。每個家庭、每對伴侶都會因爲求同的需求而掙扎，因爲「求同」這項需求與發揮個人特質的需求恰好相反。我們在上一章看到，假使一方對求同的要求，違背了另一方的個體性，感到被侵略的一方就會有所反應。

本書第一章講過蘇的經歷，她在年幼時順從父母，到青春期就開始叛逆，後來她與雙親產生權力爭執，蘇告訴父母，他們應該要有的表現是什麼，最後決定切斷聯繫。

無論蘇採用的策略是什麼，就算切斷了與家人之間的聯繫，她都沒有往眞正獨立自主的道路前進。在蘇切斷與原生家庭的聯絡之後，她還是把在原生家庭的相同感受，全部帶進了她和史提夫的親密關係中。史提夫也一樣，在感情裡投入了原生家庭的經歷和問題。他們在兩人的關係中，重複先前在各自的原生家庭出現過的分歧與爭執。

分化程度高的人能夠做自己、做自己想做的事和說自己想說的話，並且自由思考問題和感受事物，而不過分在意和考慮他人的喜好與批評。分化程度高的人不會有過度評論或奉承他人的需要，可以對自己的爲人很坦率，同時接受自身與他人的差異。當有人試圖在某方面改變他們的時候，分化程度高的人也不會有太大的反應。不過，他們還是對改變的可能性保持開放的態度，當接收到新資訊時，他們能重新思考自己的定位。分化程度高的人不覺得改變就代表承認自己有所不足。

我們都需要做到前述那樣，尤其在與父母和兄弟姊妹相處的時候，這麼一來才能擁有充實而快樂的人生。我們偏離這種模式的程度愈遠，就表示我們受家人控制和影響的程度愈大。

沒有人能做到完全分化，世上無完人，所有人都會在人際關係中經歷或多或少的分化時期。但是，如果我們愈能達到分化，分化就會變得愈容易，以下就要討論分化程度高的人的一些特質。

1 具備目標導向

具有目標導向（goal-directed）就代表你能夠闡明自己的價值觀，並決定什麼對你來說才是重要的。你可以用眞正能表現自己的方式活著，不管在人際關係、工作或其他方面，你都能夠表達自己的需求、信念及價值觀。儘管你與親近的人有所不同，還是可以表達自我。但這並不代表你會激烈攻擊他人，或用自己的價值觀貶低他人，也不表示你不顧他人感受，總是想到什麼就說出口。這只是代表你有能力選擇自己想要成爲什麼樣的人，不管他人認不認同，都不會影響你。

當個目標導向的人，並不表示你不在意人際關係。事實上，在和別人相處的時候，如果你覺得很自在，人際關係就會變得愉悅許多。一般而言，具備目標導向的人都有良好、深刻且親近的人際關係，而且在維持親密關係的時候，遇到的問題也比較少。

目標導向的相反是關係導向（relationship-oriented）。關係導向的人在情感上比較不成熟，完全依賴他人來提供自己的自尊與價值感。他們在人際關係中不去設定及尋求自己的目標，反而把所有時間與精力都花在尋求認同。

對他們來說，備受大家喜歡和關心就是最重要的事，如果不被大家喜歡或關心，就會感到悲慘至極。麻煩的是，這些人通常都假定別人不喜歡他們。關係導向的人沉迷於獲得他人的認同與讚賞，需要去愛，也需要被愛。關係導向的人太敏感，即使是與喜愛之人的細微差異，也會被他們視爲受拒的象徵。

案例

吉娜對丈夫說：「這些樹很漂亮吧！」結果他回答：「還可以啦。」吉娜視之為丈夫不愛她的跡象，因為他不喜歡她喜歡的東西。吉娜批評丈夫的想法太過負面，沒有盡力讓婚姻幸福美滿。

後來，丈夫在吉娜的要求下，花了很長的時間修繕房屋。他以為吉娜看到整修成果會很開心，還會向他道謝。可是吉娜開口的第一句評語，卻是質疑丈夫為什麼沒有把裝修的部位往右移幾英呎。於是，丈夫馬上就發火了，他說吉娜從來不感激他所做的事，他再也不會為吉娜做任何事了！

問題

① 你有多善於在做自己的同時又與他人親近？你的個性中，有沒有你刻意對某些人隱藏的特質，你覺得他們可能會因為這些特質而不喜歡你？你的行為舉止有多依賴他人的反應呢？

②誰在你的原生家庭裡和你的差異最大？你和對方在一起的時候能做自己嗎？
③你比較偏向「目標導向」還是「關係導向」？你的原生家庭裡的成員又是各自屬於哪一種導向呢？

2 區分想法和感受

分化程度高的人會仔細思考各種選擇的利弊。因爲能區分自己的想法和感受，他們有辦法做出理智的決定。他們不會堅持別人要仰賴自己的信念過活；如果遇到理念相異的人，分化程度高的人也不太可能會變得具攻擊性或防衛性。

分化並不表示毫無感覺，分化程度高的人絕對不會喪失自我感受，而且在必要時也能體驗與表達感受。他們把「感覺」視爲能讓自己了解生活中正在發生什麼事的資訊來源之一。分化程度高的人只要願意，就會變得十分熱情。對於這樣的人來說，關鍵因素在於「選擇」——他們可以選擇是否憑感覺行事。

分化不代表欠缺情緒，分化程度高的人有辦法選擇讓自己深陷於情感之中，其中一個例子就是做愛：做愛需要讓自己沉浸在身體感受和感官世界裡，同時拋棄理智線。

由於分化程度高的人會考慮自己的立場，所以在聽取他人觀點的同時，也能夠堅定表達自己的態度，並設下自己的極限。他們既不優柔寡斷，也不固執己見，可以對新資訊保持開放的態度，但又不受威脅或情感勒索（emotional blackmail）的影響，同時也不譴責看法相左的人。分化程度高的人會尊重他人並從他人身上學習；事實上，他們不但不受與他人的差異威脅，反而能從中感到愉悅。最重要的是，分化程度高的人和最親密的人（配偶、父母、子女）在一起時，也能做到如此。

分化程度低的人就沒辦法區分想法和感受，他們在職場上的表現也許不錯，或者善於處理「事物導向的任務」（thing-oriented tasks），卻不善於「人際關係導向的任務」（people-oriented tasks）。然而，在應對親密關係的時候，他們完全喪失了這種小心翼翼的行爲方式。分化程度低的人極爲敏感又容易受傷，爲了維持人際關係，他們願意妥協，可是如果他們開始對自己有信心的話，絕對不會妥協。

分化程度低的人因爲難以區別想法和感受，經常認定自己主觀的感受確實反映出事物的眞正狀態。舉例來說，分化程度低的人可能會說出「我『覺得』你拒絕了我」這種話，可是這句話跟感覺無關，而是對他人行爲的解讀。無論何時，接在「覺得」後面的字眼，要表達的都是「想法」，而非「感受」。感受永遠和自身有關，與他人無關。關於感受的敘述會是像這樣的句子：「我們意見不同的時候，『我』覺得被嫌棄了。」

我們的感受來自對各種情況的想法，或對進行中事件的解讀，如果缺乏實質的身體接觸，無人能讓我們產生任何「感覺」，所有感受都是我們自己創造出來的。舉例來說，如果喬撞到比爾的肩膀，比爾會感覺到生理上的疼痛，在這樣的情況下，比爾因爲喬而產生了明確的感覺；可是如果喬說：「我現在氣到想揍你！」但沒有眞的動手，那麼比爾對這句話的感受，就全憑他怎麼解讀了。

如果比爾相信喬說的話，認定喬眞的很生氣，而且會把他痛揍到受重傷，那麼比爾就有可能感到害怕並逃跑。如果比爾認爲：「喬很生氣，這表示他不喜歡我，眞是糟糕！」比爾就有可能內心覺得受傷而表現出沮喪的樣子。如果比爾心想：「我不會放過對我發火的人，喬才嚇不了我！」那麼，比爾就有可能感到怒火中燒，也許還會先對喬動手。如果比爾想：「好吧，某件事讓喬很生氣，但不知道是什麼事？」比爾可能只會感到好奇，進而對喬說：「把你生氣的原因告訴我，我想試著跟你一起解決。」

從上面的例子就能看出，光是一個簡單的情況，就有許多不同的解讀方式。分化程度低的人會相信，是喬讓他產生了特定的感覺，完全忽略了解讀方式對自我感受的影響，因而說出是喬「讓他感到」害怕、受傷、生氣等等的話語。

然而，分化程度高的人會意識到解讀喬發怒的各種可能性，如果他想要回應喬，就會表現出好奇，並請喬好好談一談。

在成長的過程中，我們會建立並養成對自己和他人的信念與態度。在原生家庭中的經歷決定了我們的見解，我們在世界上及人際關係中能做什麼事、該做什麼事等，這些信念會變成我們所有情緒反應的基礎。**再次強調**，不管家人怎麼影響我們，原生家庭都無法強加特定信念或感受在我們身上。每個人都會爲了對應各種情況，發展出自己獨特的見解，這些因素包含了長幼順序（請見第七章）、父母各自在原生家庭中的經歷、特定生物前提條件（biological givens），以及許多全然不可預測和難下定義的特質等。

是我們創造出自己的個性和感受，這也就是說，我們有力量改變；不需要等待他人改變，就能決定自己是否改變。

試著做以下的練習，思考如何區分想法與感受。

▼想法和感受

在一天之內，你有多常說：「我『覺得』……」但其實你想表達的是意見而非個人感受？下次你這麼做的時候，改用「我『認為』……」取代「我『覺得』……」，你覺得這樣的改變如何呢？

觀察你和周遭的人有多常說：「這讓我感覺糟透了」、「你真的讓我很傷心」、「你讓我覺得噁心」之類的話，什麼才是敘述這些主觀經驗更確切的話語呢？試著用正確的話語表達，看看大家對這些話的反應是否有所不同。

2 融合的關係

分化的相反就是融合（Fusion），要融合就是要困在共生（symbiotic）或寄生（parasitic）關係的泥沼中。也就是說，你一定要對其他人做出什麼反應，第四章所敘述的四種反應策略（順從、叛逆、攻擊、斷離），不管以什麼形式呈現，都算是融合的表現。

案例

瑪格麗特和保羅陷入家庭權力的爭奪中，不管討論的話題是什麼（政治、宗教、子女、家務事），兩人都有完全不同的看法。他們在每項議題上都互相指責對方，並將兩人的不同點視為問題。

其實，他們倆非常相似，儘管保羅和瑪格麗特的想法和舉止看起來很獨立，但他們都很依賴對方。如果保羅跟瑪格麗特意見不合，瑪格麗特就會覺得兩人的關係受到威脅，因為她需要保羅的支持；如果瑪格麗特不照保羅的方式行事，保羅就會覺得被嫌棄。他們都想要更親密一點，卻都以自我為中心。

當被問及「親密感」的定義時，保羅立刻回答親密感就像「母親與嬰兒」的關係（這正是融合關係的典型），在這樣的關係中，「母親對嬰兒的需求非常敏感，無須任何言語，母親就會滿足這些需求；當兩人關係親密時，他們憑直覺就能知道對方想要什麼，然後去做」。這就是保羅對瑪格麗特的期待，他們的爭鬥其實是想要把對方變成理想的「培育者角色」（nurturing figure）。

保羅對親密的定義就是許多人口中的「愛」。但這就是關係融合的一個例子，母親與嬰兒一開始是融合的關係，但隨著嬰兒漸漸長大，這樣的關係也有所改變，長大就代表成爲獨立自主、自力更生以滿足生活需求的人。

就連成人也很難放棄對「合而爲一」（oneness）的渴求，我們夢想找到那個「特別的人」，他/她會在親密關係中帶給我們這樣融合的愛情。當墜入愛河，我們會以爲已經找到了「那個人」；一旦我們發現錯了，就會開始抱怨自己和戀人缺乏溝通。可是大部分人所謂的「溝通」（communication），其實指的是「一致性」（sameness）。

在瑪格麗特說保羅不願意溝通的時候，眞正的問題是保羅沒說到瑪格麗特想溝通的點——我們隨時都在溝通，人不可能不溝通。因此，當保羅和瑪格麗特想要的東西不一樣時，他的應對方式可能就是疏遠及更投入工作（同時暗地裡希望瑪格麗特更懂他、更像他一些）。而瑪格麗特應對的方式則是拚命親近保羅，以獲得親密感（她想要的「親密感」其實是「一致性」），希望保羅多跟她「交流溝通」。保羅和瑪格麗特眞正面對的，是兩人在原生家庭中未解的情緒依附，他們都希望婚姻能帶來幸福的「兩人一體」，也都試圖達到這樣的狀態。

融合是感情關係中非常強而有力的元素，在融合的關係中，人可以做到幾乎像是了解自己一樣地了解對方，不用對方說任何一個字，就能知道他/她需要什麼、想要什麼，還有他/她的想法與感受。

「直覺強」的人在這方面是專家，這種人通常在融合程度較高的家庭中成長，因此在家中意識到情緒和感受對身心健康極爲重要。然而，直覺強的人通常都會視情況採取反應行動；他們會持續觀察別人和自己的關係，還有別人當下對他們的感覺，最後才決定要用什麼行爲應對（他們所認爲）別人的需求、想法或感受。其實，直覺強的人很可能不知道自己想要什麼，更別提要他們把需求說出口了。

在高度融合的家庭裡，家庭成員之間的差異往往被否認。本書第二章討論過，不言而喻的各種潛規矩控制著家庭成員的行爲。測試家庭融合程度的一個方式，就是看家庭成員能不能輕易說破某項潛規矩：「咦，在我們家好像都會（套入潛規矩）耶！」接著和其他成員討論這項潛規矩；在融合程度愈高的家庭裡，成員愈會拒絕承認這項潛規矩的存在，而且不願意討論。

許多家庭可以永遠持續這樣的狀態，不會改變。如果某位家庭成員發展出足夠的自尊，他/她願意冒著與家人不同的風險，並面對此分歧所產生的反應，這個家庭就會有所改變。其他家庭則是在孩子進入青春期階段後被迫改變，或至少意識到家中的問題。

家庭中可以說出來的顯規矩，和不可說出口的潛規矩，都會在孩子青春期時遭受測試與挑戰。融合程度高的家庭就是在這個時候開始崩潰瓦解，因爲子女對分離的需求漸漸高過融合的需求。父母經常抱怨，子女原本很聽話、個性完美、學業表現優異等，可是在十三歲到十六歲之間就變了樣。這些父母的意思是：孩子曾經依照父母的期望行事，等到孩子開始表現不同並追求個人心之所向時，父母就會感到焦慮。

父母之中通常有一方經常藉由控管和懲戒孩子，以應對這種差異與自身的焦慮感。這麼做也許對某些人有用，但只是推遲了子女與父母分離時刻的到來而已（子女會說：「我會等到可以離家的那一天……」）。等到孩子眞正離家了，他們會更徹底地與父母斷絕關係。孩子會這麼想：「既然我在家裡沒辦法做自己，那就不用太常回去了。」

家庭的融合程度愈高，子女因這般融合而感受到的威脅就愈大，所以會試圖藉由情感分離以破壞融合程度。如果家長在這個時候對子女施加的控制愈強，雙方的衝突就愈激烈。青春期的子女往往到最後會做出讓父母勃然大怒的行爲，藉此展現他／她與父母有所不同，而且父母無法左右他／她。

案例

理查是一家之主，家裡有一項不言而喻的規矩，就是絕對不能挑戰他的權威。一直到最小的女兒安妮滿十三歲以前，家中每位成員都順從地遵守這項規矩。安妮因為許多理由而拒絕繼續服從，對父親的態度也變得十分反叛。理查抱怨說：「她想取代我的一家之主地位。」安妮拒絕順從父親的權威，這件事深深打擊了理查，也擊中了家裡最脆弱的環節。

家人把安妮當成是麻煩製造者，送她去做心理治療，還要求治療師把她「治好」，讓她能像以前一樣順從。安妮的叛逆行為讓父親和其他家庭成員極度焦慮，因此視安妮為「不正常」。最後，這家人終於能坦誠討論這個問題，理查也談到自己對權威受到挑戰感到不安，以及這個情況如何影響他和妻子的關係。事實上，安妮的行為反映出她母親對丈夫理查一部分深刻的恨意，母親一直以來都害怕承認這一點，而安妮身上所呈現的「問題」，最後變成了幫助家人改變的契機，然而類似的情況並非總能有這樣圓滿的結局。

叛逆行爲的難題，在於這樣的行爲並不代表眞正的獨立自主，就連最狂妄自負的孩子也有自卑的問題，而且這種孩子仍與家庭融合，並受到父母的控制，他們對此的反應就是故意做出與父母要求相反的舉動。叛逆的青少年並沒有獨立思考，也沒有設下自己的人生目標，叛逆行爲事實上經常是自我毀滅。

在融合程度高的家庭中，當有青少年反叛時，這些年輕人常常會和同儕建立起同樣緊密結合的關係，並且與同儕變得極爲相似。他們對相似性和一體性的需求，再次高過其他需求，因而非常不容易在新團體中分化出自我。新團體的基本目的，就是反抗父母和其他權威，在這麼做的過程中，青少年會互相支持、鼓勵，但是他們提供彼此的支援僅止於叛逆行爲，少有鼓勵促使分化的作用。

案例

十五歲的莎薇塔生長在融合程度很高的家庭中，到初中一年級之前都是「模範兒童」，後來就開始反抗父母的權威，跟一群年紀稍長的青少年交往，並且緊密融入這個群體中。莎薇塔做的事一件比一件離譜，為的是贏得同儕認同，但這樣的行為適得其反，她最後得到的只有壞名聲。

於是莎薇塔轉學，然後和一個男孩交往。這個男孩分化程度低並渴求關愛，莎薇塔便試著用愛與過度關心來「拯救」他，但這同時也摧毀了莎薇塔。到了十八歲，莎薇塔覺得自己的人生已經走到盡頭，甚至考慮自殺。

在心理治療的過程中，莎薇塔終於能正視自卑以及對融合的需求，她開始與父母及同儕分化，並且根據對自身有益的情況，替自己做決定。

問題

①你的家人有沒有成功應對、處理過成員之間的差異？請舉出兩次成功的案例；你的家人在應對、處理成員之間的差異上，有沒有失敗的經驗？請舉出兩次失敗的案例。在嘗試應對這些分歧的時候，每位家庭成員（包括你在內）又經歷了什麼樣的過程？

②還記得在家中曾經有過大家一起定義、討論，甚至改變某項規矩的經驗嗎？這樣的經驗對你的家庭帶來什麼影響？

3 對自己的所作所為負責

分化程度較低的家庭在運作時，最關鍵的問題就是大家搞不清楚誰該對什麼事負責，這裡指的不是誰去洗碗之類的事，而是家庭成員都相信家中有一人可以讓另一人產生特定的感受。

家中分化程度愈高，所有成員就愈能為自己的感受、想法和行為負責，並且理解和認可這些經歷都是由個人創造而成。如果家庭中的成員能做到這樣，就能用不同的方式討論各自的問題，能自在地說出實際情況，像是說「我生氣了」，而不是說「你讓我很生氣」，並藉此把焦點轉移到別人身上。

在融合程度高的家庭中，孩子和父母相處融洽（就算孩子已經是成年人了），他們對特定話題會十分敏感，並避免討論這些話題，因為「說這些會讓爸媽不開心」。家庭融合程度愈高，會讓家庭成員感到不安的話題就愈多，避免談及這些話題是為了不讓某位成員心煩、難受。

然而，在別人感到難過的時候，我們通常也不好受，所以前述作法的實際動機其實是為了保護自己——我們不讓他們「難過」，他們就不會讓我們「難受」。融合程度高的家庭在沒有矛盾衝突的和平時期，情況通常是這樣：大家避免處理和討論分歧，因為這種情況及經歷可能讓人心煩意亂，於是大家假裝彼此相同，藉此維持家人之間的和平。

等到家人的相處開始變得緊張，強求一致性和一體性的壓力也讓人感到不自在時，家庭成員就會失去自我控制的能力，同時暗指或明示地指責他人說：「我會有這種（生氣、難過等）感覺都是你的錯，只有你改變了，我才能開心。」然後，他們會指出對方的問題（就是大家先前避免的話題），並說這就是導致自己出問題的原因。

有一個例子可以展示上述的情況。丈夫對妻子說：「我在社交場合沒辦法輕鬆自在，因爲不管我說什麼，妳都要大肆批評。」丈夫這麼說的目的是想讓妻子對他的焦慮負責，而不是檢視自己該如何才能不在意妻子的批評（如果妻子確實很喜歡批評）。

改變另一半的這場仗，是怎樣也打不贏的。對自己負責，表示你要努力改變的不是他人，而是自己。

完全依賴他人關愛和認同的人，最後一定會感受到壓力，而不得不照他人想要的方式做人做事，藉此維護從他人身上得到的關愛和認同。然而，爲了贏得他人的接受和認可而放棄做自己，這樣的關係最終還是會走向破裂，因爲這個人不是會對他人發怒（起因都是一些不相關的事），就是拿自己出氣，做出自我毀滅的行爲，例如陷入憂鬱狀態。眞正的接納是要能夠接受人與人之間的差異，所以我們唯有在眞正做自己的情況下才算是獲得接納。我們在某種程度上都能意識到虛僞的認可、接納，並且對此感到厭惡。

對某人隱藏眞正的自我，以避免讓此人感到不悅，這樣的作法可以在短期內減輕痛苦和傷害，但隨之而來的絕對是困惑和爭執，更糟的是這樣的紛爭可能長期持續。

問題

① 你在原生家庭中發展出基本信念，你能否指出某些基本信念對你造成不快的經驗？
② 在你的家庭裡，大家避免造成不愉快的話題或問題有哪些？這些話題可能非常重要，大家同意漠視的作法對你和家人的生活又有何影響？
③ 在你的原生家庭中，有沒有人為了獲得認同而放棄自己的信念？
④ 如果你在一天結束回到家時，發現另一半心情不好，而你的心情很好，

你的情緒需要多久時間才會開始受到另一半的影響？你是否有過推遲或改變這種狀況的經驗？

4 功能過度與功能不足

幾乎每段人際關係都受到功能過度（over-functioning）與功能不足（under-functioning）這兩項機制的操控，交往關係中的一方看起來會比另一方更有能力、更負責，往往也更健康。這個情況看起來就像是一方比另一方更成熟，不過如果長期處於功能不足的那一方有了進步，功能過度的那一方通常會開始退步、表現變差。也就是說，當有一方強大起來，另一方則會衰落退步。當長期憂鬱的妻子開始變得正常，原本很正常的丈夫就會變得憂鬱；有狂躁症的先生不再表現狂躁時，原本看似能幹的妻子就不再表現出精明的樣子；本來「性」趣缺缺的妻子一旦對做愛產生興趣，丈夫就會開始出現早洩狀況。

「問題」青少年有了進步時也會產生前述的情況，原本過度投入、功能過度的父母，此時不用再爲孩子操勞了，於是變得更焦慮不安。

1 負面影響

在不健康的關係中，功能過度和功能不足這樣的角色或多或少都會長期被固定。舉例來說，功能過度者看起來像是在照顧雙方，而功能不足者看起來完全依賴這段關係並融合在其中；然而，雙方可能分化程度很低且相似，功能過度者與功能不足者其實互相依賴著。

一個人不管什麼時候在情感關係中表現出功能不足，另一方就一定會表現出同等程度的功能過度；功能不足與功能過度總是密不可分、缺一不可。

功能過度者和功能不足者會處在融合的關係中，一方負起所有責任，另一方則讓對方承擔責任；一方看來傾向於「好人」，而另一方被視爲「壞人」，但這兩方其實是相互配合以維持現狀，雙方都迷失了方向。

功能過度者往往覺得自己沒有選擇，只能一肩扛起責任並完成該做的事。他

／她認爲另一半在這方面完全沒有能力，進而覺得自己不得不出手做事，就算功能過度者認爲另一半故意操弄他／她動手也一樣，他們還是會覺得自己別無選擇。功能過度者甚至可能會發怒，指控另一半故意逃避責任（他們會說：「你就是太懶惰了。」），但還是自覺有義務要把事情做完，繼續替另一半承擔責任（功能過度者會說：「這些事總是要有人做。」）。功能不足者很可能覺得自己做不到，於是允許甚至期望另一半承擔責任，在這樣的情況下，功能不足者最常說的一句話就是：「我做不到。」

案例

艾爾非常正常、聰明又有機械頭腦，當伴侶要求他負起洗衣服的責任時，他回答說：「我不知道怎麼用洗衣機，我搞不清楚哪種衣服要用持久免燙模式來洗，那麼多按鈕把我都搞暈了……。」這招管用了一陣子，伴侶繼續負責所有家事，最後發展到艾爾的伴侶拒絕再當功能過度者，再也沒有人幫艾爾洗衣服了，於是他很快就學會了洗衣機的使用方法。

功能不足者可以找出各種理由來說明自己無法處理某件事，他們最喜歡的藉口之一就是「生病」。大家對病人的期望比較沒有這麼高，病人也不需要負責日常生活的重擔。他們獲得許多關心，而且對家庭事務發展有著舉足輕重的地位，因爲其他成員出於對病人的體諒，會改變自己的生活。整個家庭的計畫、行事，可能都圍繞著病人打轉，無論病人生的是生理或心理的疾病。

在另一些情況下，功能不足的人會覺得自己應該多做一點，他們會視功能過度者爲控制者或主導者，功能不足者最愛說的話就是：「你都不讓我做。」

案例

珍妮始終這麼抱怨：「我很想出去找工作、自己賺錢，可是老公不讓我這麼做。」雖然珍妮和丈夫公開表示彼此有分歧，但其實他們是在替對方避免一些事：珍妮維護著丈夫「賺錢養家」這種身分的尊嚴，要是丈夫覺得地位受到威脅，珍妮也會為此感到不安；丈夫則是在保護珍妮，讓她不用擔心自己在職場上可能表現不佳。可是他們卻互相責備，讓另一半為自己的焦慮負責。

2 正面影響

在健康的關係中也有功能過度者和功能不足者，關係中的兩人會像團隊一樣運作，不過這兩種角色經常轉換且不會固定。雙方都會意識到角色轉變，都同意這樣的改變。兩人都同意讓另一半在特定時間負責特定領域的事，而且雙方隨時都可以選擇轉換自己原本的角色，彼此並不會有敵對、責怪或互相防備的情緒。

案例

金蜜和喜久雄陷入日常生活的慣例中，金蜜認定自己應該負責兩人共同的社交生活，他們都清楚這件事是由金蜜處理，雙方多年來也很滿意這樣的分配。

不過，金蜜對於這項責任漸漸感到厭倦，喜久雄也開始覺得任人擺布十分無趣，於是他們倆商量了一下，決定讓喜久雄負責替兩人決定安排或取消參與社交活動。

試一試以下的練習，檢視你的功能過度或功能不足的程度。

判別你的生活功能層級

檢視一下，你在生活中的哪些方面是功能過度者或功能不足者，藉由短期實驗（也許為期一週）改變你在某特定方面的功能層級（funtional level），如果你原本是功能過度者，請轉而扮演功能不足者，反之亦然。

在做這個測驗的時候，你和另一半的焦慮程度有什麼樣的變化？在你改變功能層級的同時，你們之間又浮現了哪些其他（原本隱藏的）問題？

5 結論

以下是婚姻裡的經典場景，藉由一次簡單的互動案例，讓我們來看看本章先前所描述的問題如何同時全部出現。

案例

喬和南希在為一場晚宴著裝打扮，隨著出發的時間愈來愈近，南希也愈來愈不安。她試穿了幾件洋裝都不滿意，但最後還是穿了自己覺得最適合的一件，就在她剛穿好時，喬走了進來，南希因為沮喪便脫口說出：「我看起來糟透了！我根本不知道要穿什麼。」喬則是用一貫的態度對待南希難過的情緒，完全沒聽出南希尋求安慰的弦外之音。

喬擺出平常談正事、解決問題的態度，自以為南希要他提供穿著意見，於是建議：「妳為什麼不穿綠色那件呢？妳身上這件藍洋裝看起來的確有點土氣。」

南希因為喬沒有讀懂她的心思而發怒，便說：「噢，你好噁心！我敢說瑪麗今晚可能會穿低胸洋裝，你絕對不會說她那件土氣了！這樣的話，你幹嘛不自己去就好？反正你本來就有可能一整晚都跟瑪麗在一起！」

喬因為自己的好意完全被誤解而感到委屈，他也生氣地回嘴：「天啊，妳怎麼又來了？我們都還沒出門，妳就讓人生氣！妳到底是怎麼搞的？」

他們又對彼此說了幾句類似的話，雙方都試圖指出對方在這件事情的錯。最後，南希眼淚潰堤，喬的憤怒也隨之消散。喬走過去抱住南希，說他只是想幫忙。南希跟喬解釋，那不是她想要的幫助，然後把自己真正的意思告訴他。喬向南希保證，她看起來其實很不錯，於是南希把喬抱得更緊並吻了他。

喬感覺自己挑起了南希的性欲，所以引她走向床邊。這時，南希再一次覺得喬誤會了她的意思，便推開喬，說：「你滿腦子就只想得到這個嗎？你還真是頭腦簡單耶。」喬反駁說，難怪自己會對瑪麗的低胸洋裝有興趣，誰教他太太「死板又冷淡」呢？於是他們又回到先前的爭執，互相指責對方的各種不是，結果喬踩著重步走出臥房，並怒氣沖沖地摔門。

我們在第三章到第五章討論過的所有家庭運作動力，在這個案例幾乎都出現了。喬和南希因爲對親密與疏離的需求不同而爭執不下。南希詢問喬的意見，想讓自己放心，並藉此尋求親密感，喬則是透過身體接觸（性）尋求親密感。當兩人覺得想要親密就得做對方想做的事，且自己的需求又不能得到滿足時，雙方都退縮而不願交流。

喬和南希至少採用了三到四種先前提過的應對「求同壓力」的反應，來處理焦慮和受威脅的感受。雖然兩人的權力鬥爭是重點，可是在面對南希落淚時，喬還是稍作退讓了，而離開房間就是他斷絕交流的表現。在這樣融合的關係中，兩人都把對方視為影響自己情緒和感受的原因。他們會這麼想：「如果他／她的反應有所不同，那我就會好一點了。」喬和南希都認為對方是故意表現得自私無情，同時又十分在意另一半對自己的評價，雙方都試圖把個人的自尊問題變成對方的責任。南希在問喬該穿什麼的時候，就接近了功能不足的邊緣，而喬在回答她的時候，就準備好了要當功能過度者。

想學習讓情感成熟，就得了解我們在這樣的情況下該如何適切應對，並且適時改變我們的觀點和行為。

Chapter 6

人際關係中的三角模式

世界是一座舞台，男男女女不過是演員，每個人進場、退場，一生中都要扮演許多角色。

——威廉・莎士比亞（William Shakespeare），《皆大歡喜》（*As You Like It*）

蘇小時候經常看見父母吵架，父親會面紅耳赤地對著母親吼叫，母親則是哭著屈服讓步。蘇替母親難過，也氣父親的行爲，在父親氣沖沖地離開房間之後，蘇會試著安慰母親。

隨著蘇漸漸長大，母親也對她傾訴父親的其他暴行。蘇在青少年時期開始反抗父親，因爲母親絕對不敢那麼做。只要父親把矛頭指向蘇的弟弟妹妹，蘇就特別生氣，於是父親轉而把怒氣出在她身上。在蘇離家前的那幾年，她終於看出問題有一部分出在母親身上。因爲母親無法維護自己的權益，於是蘇又氣她這樣的行爲，只要母親不站出來替自己說話，蘇就會說她「膽小、沒用」，這時母親就會哭，而父親則會要求蘇別對母親如此刻薄，然後蘇和父親又會因此吵架。

蘇和家人在當時陷入了常見的人際關係模式中，這種模式稱為「三角關係」（triangles）。除非能預見三角關係的力量並了解這種關係在家中的作用，否則就無法改變現況。

1 三角關係到底是什麼？

基本上，任何包含三方的人際關係都可以稱為三角關係，每個角可以代表一個人或一群人。家庭裡基本的三角關係，就是父親、母親、小孩。罪犯、受害者和警察也可以形成社會上基本的三角關係。眾所皆知最典型的三角關係（只要一聽到「三角關係」就會聯想到的），應該就是丈夫、妻子、情婦。三角形的其中一角也可以是物品、活動或問題，就像許多太太會說：「工作就是我先生的情婦。」

三角關係是許多電視連續劇的主要動力，所有戲劇性的場面和挫折沮喪，都源自於兩人對彼此說話不直接，劇中人物把自己的事情或聽到的八卦告訴第三個人，而不是直接對相關的人說。用這樣的觀點去看連續劇，就能看到大家有多容易把自己的生活搞得一團亂，以及這些連續劇精準反映出日常生活的這個部分。

三角關係同時擁有正面與負面功能，誠如第三章所提及的，每個人在人際關係中都有最舒適的親密與疏離程度，當關係太親密或太疏離時，人就會感到焦慮。不過，如果周遭還有其他人，就可以減緩焦慮感，這表示大家庭裡穩定的可能性更高。一個人在過於焦慮的時候，可以找家裡的其他成員談談，同時靜待情況穩定下來，再回到原本的關係狀態。舉例來說，在祖父母那一代，如果父母和孩子發生了解決不了的衝突，父母可以把孩子送到鄰近的親戚（叔、伯或姨、嬸）家住，這樣雙方都有機會好好思考整個情況，也能從他人身上得到不同的看法，也許就能用不同的方式重續親子關係。然而，現今有許多家庭少與親戚往來，情感疏離，所以難以做到上述這一點。

今天的核心家庭（nuclear family）就像壓力鍋，除了心理治療師的辦公室，家庭成員少有機會在其他地方學習如何處理焦慮感，再加上許多人都認為這應該是自己面對的問題，壓力因此不斷增生，直到爆炸為止。家中人數愈多、三角關係愈多，就愈容易減緩這樣的壓力。

然而，在大部分的家庭裡，三角關係不但沒能減少問題，反而還增加了問題。之所以會產生三角關係，通常是因爲關係中的兩人難以專注在雙方身上，並維持一對一的關係。這兩人的分化程度愈低，就愈難專注和維繫一對一關係。

在一對一的關係中，壓力通常會增長。大家應對這樣緊張關係的方式，就是拉進第三人或議題，從而產生了三角關係。這樣的「第三方」可以在關係中持續幾個小時、幾天、幾星期，甚至好幾年。有些夫妻只要談論小孩、朋友或工作，就能相處得很好，可是他們沒辦法專注在兩人的關係上。以蘇的例子來說，蘇後來知道母親在婚後的頭幾年，在跟父親衝突過後經常跑回娘家。母親向外婆抱怨丈夫對自己不好，外婆卻告訴她：「男人都是這樣，他們全是冷漠無情的禽獸，沒辦法改變，這是妻子必須承擔的重擔之一。」接下來，外婆就會把母親送回去盡妻子的義務和責任。在這樣無法改變的情況下，蘇的母親感到無能爲力，因爲外婆沒辦法給她任何額外的資源，好讓她有辦法面對丈夫，反而以消極的方式站在丈夫那一邊。

有一種母親可能會說：「我早就告訴過你了，他不適合你，你就留下來跟我住，我會照顧你。」這樣的母親和女兒很有可能會彼此交換與丈夫相處的經歷，藉此證明女兒的丈夫眞的不是好人，而且不配擁有自己女兒當老婆。過了一陣子，等到母親和女兒的衝突浮上水面，女兒就會記起當初想離家的原因，其實就是離開一個強勢的母親，跟另一個強勢的人在一起。

不過，另一種母親可能會傾聽並想辦法讓女兒開口談眞正的感受。母親會分享自己在婚姻中的痛苦掙扎，但最後讓女兒自己決定接下來該怎麼做。

在任何三人小團體中，往往都有會兩人比較親近（局內人）而一人比較疏遠（局外人），三人同時維持同等的親密程度是很困難的。親密度可能會輪替，在這種情況下，三人中的任何一人都有可能成爲局外人，而另外兩人在當時較爲親近。親近的兩人和疏遠的第三人是誰，也有可能是固定的，通常的模式是親近的兩人會忽略彼此的差異而結盟，攜手對付局外的第三人。在最溫和的情況下，這種互動、交流的模式，就是我們口中的「道人是非」（gossip）。

上述提到的前兩種和母親相處的情況，展現了當三角關係出現偏袒時所帶來的負面影響。大家不把焦點放在自己身上，局內的兩人反而聯合起來議論局外的第三人，如此一來，這兩人就能專注在第三人而非自己身上。當妻子再度回到丈夫身邊時，與其談論兩人之間到底出了什麼差錯，妻子反而能和丈夫討論母親的控制欲有多強。

在上述的第三種情況下，局內的兩人能夠把焦點放在自身而非局外人身上，這就能帶來更有建設性的解決辦法。

試試以下的實驗，看看你在一對一的專注關係中能維持多久。

專注於自身

找一位親近的朋友或自己的伴侶來促膝長談，期間保持眼神交流，只談論自己的事，或你和對方的關係，看看你能談論多久而不說到第三人或其他話題；然後，再增加難度，談話時只使用「現在式」，不要討論過去或未來，純粹和對方討論你目前的經歷。

案例

安娜和比爾在一起的時候就會談論夏琳，對於夏琳的優點與缺點，他們經常表現得觀點一致。這種舉動暗指比爾和安娜很相似，代表兩人很親近，因為他們看法相同，而夏琳和兩人不同，所以比較疏遠。可是，等到比爾和夏琳聚在一起時，他們又會表現出兩人個性雷同的模樣，也就是他們比較親近，而與他們不同的安娜，這時候又成了疏遠的一方。安娜和夏琳也會聚在一起，說比爾和她們倆有多不一樣。

在以上提到的情況，兩人處於親近關係時，就會忽略彼此的差異（因為差異會造成焦慮），都表現出對第三人不同點的看法一致。

在大多數的人際關係裡，用來談論自身以及和對方關係的時間很少，大部分時間都用在討論別人或其他事情。這一點滿正常的，而且是在人際關係中維持親疏平衡的自然方式。可是，如果這是交流的唯一方式，交往的兩人融合程度一定很高，而且雙方的差異若不是被忽略，就是沒有妥善處理。

這種情形會發生在家庭、朋友圈和辦公室同事群組，國內或國際交流時也會產生。這是三角關係的負面功能之一，在應對親密感與差異性的焦慮感受時，也是普遍的處理方式。

請記住，因親密程度所產生的焦慮感，與下列這些問題有關：「你能和別人有多親近，同時又不需要成爲別人理想中的你，也不需要做別人希望你做的事，而是做與衆不同的自己呢？」以及「你能和別人變得多親密？同時允許交往的對象和你有所不同呢？」

當兩人和諧一致時，就能保持良好的親密感。可是當不同點出現時，雙方就會開始疏離，或製造權力鬥爭，其中一人會想要拉進某人或某事而形成三角關係。

舉一個常見的例子，當丈夫和妻子爭吵到某種程度時，一方就會把（一個或多個）孩子拉進來，說：「強尼也同意我說的，他也覺得你做錯了！」其中的暗示就是：「如果我們兩個都覺得你錯了，那你一定眞的有錯，所以你最好改變，變成我們想要的那個樣子。」

三角關係有兩種不同狀態：平靜狀態（calm）和緊張狀態（tense）。

在平靜狀態時，三角關係中包含了較親近的兩人，這兩人相處和諧，而較疏遠的第三方則想更親近，以進入這兩人的「圈子」裡。

在這樣的三角關係中，局外人會試圖拉攏親密兩人的其中之一，以產生新聯盟，讓對方離開原本的親密夥伴。這樣的例子是，青少女的父母會對她採取「統一陣線」，讓她覺得自己被排除在外，於是她發展出一套策略，想辦法對父母挑撥離間。如此一來，雙親終有一人會同意她的看法，並與她「併肩作戰」，爲了她而與另一半起衝突。

在緊張狀態的三角關係中，親密感與失去自我的可能性，會讓親近的兩人變得焦慮，因而產生爭執。在這種情況下，局外人通常會想要保持距離。當兩人的其中一人試圖拉攏局外人以建立新聯盟時，第三方在可能的情況下會避免與兩人接觸。

舉例來說，父母吵架時，父親試圖拉攏青春期的孩子站在同一陣線反抗妻子（孩子母親），這位青少年就可能想辦法讓自己遠離爭執，同時說：「不要把我拉進來，這是你們的事。」

反之，如果青少女希望能和父親更親近，可能同意父親對母親的觀點，這就表示她和父親的想法一致，而母親才是錯的。在這種情況下，青少女想要更親近父親的需求（以及可能想「捉住母親的小辮子」的需求），大於遠離爭執中父母的需求。

問題

①在你的原生家庭中，（過去和現在）有哪些主要的三角關係？請列出三角關係的每一方。如果你的原生家庭是大家庭，應該會有不少三角關係。

②回想一下父母這些年來的婚姻狀況，你和他們個別的關係又如何？你很輕易就能與他們親近嗎？還是你只和其中一人親近？或是你和父母都不親近？當你和一方的關係親近時，你和另一方的關係又是如何？

③我們通常會和父母之中的一人最親近，如果你邀請較疏遠的那一位單獨

外出用餐的話，會是什麼情況？這時，你和親近一方的關係又會有什麼改變？這會給你帶來困擾嗎？

2 三角關係的運行方式

讓我們用左圖更深入了解三角關係在家庭中的運作方式。在這張家族示意圖（家系圖〔genogram〕）裡，呈現出三代的家庭關係：其中包括兩對祖父母——格林爺爺與格林奶奶、懷特外公與懷特外婆，這兩對夫妻各自的子女——蘇、芭比、查克、史坦，以及珊蒂、凱爾文和史都，還有孫子莉茲與小查克，他們是查克與珊蒂所生的孩子（圖中以正方形代表男性、圓形代表女性）。

圖中的基本三角關係，就是這三個家庭各據一方：格林家占一角、懷特家占另一角、格林和懷特聯姻後的家庭位居第三角。請注意，查克和珊蒂連結了所有三角形，但情感連結和潛在結盟不僅限於這兩人。這個大家庭由十三個人組成，

格林與懷特的家系圖

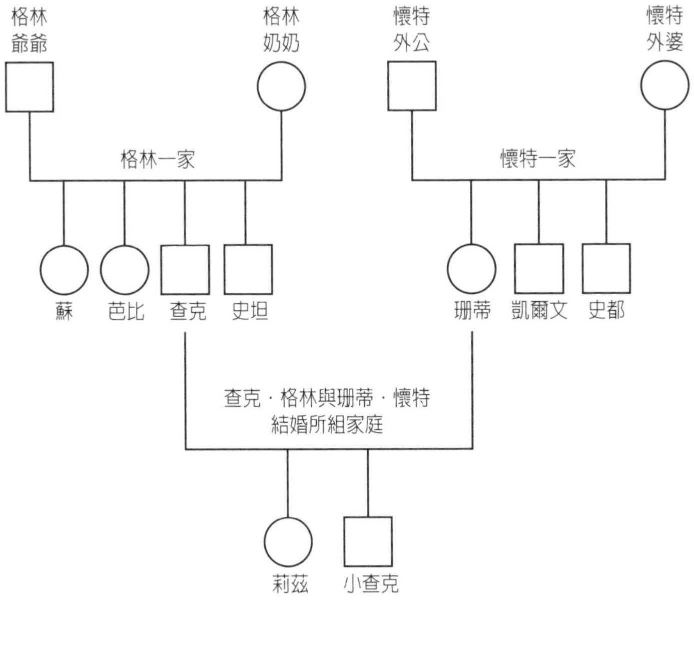
格林
爺爺
格林
奶奶
懷特
外公
懷特
外婆
格林一家
懷特一家
蘇
芭比
查克
史坦
珊蒂
凱爾文
史都
查克・格林與珊蒂・懷特
結婚所組家庭
莉茲
小查克

婚姻所產生的三角關係

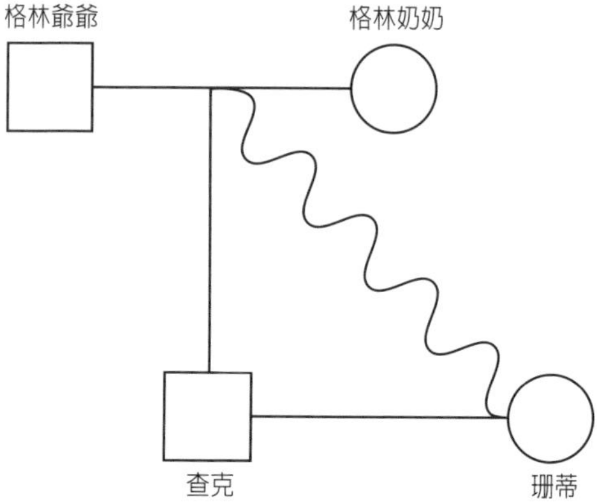

如果三人一組形成三角關係，其中就包含了一百三十一種潛在的三角關係。別忘了，每個三角關係中，任一方的位置都有可能互相轉換，這樣就形成了三百九十三種潛在的三角關係。此外，還要再加上其他結盟的三角關係，像是婚姻關係所產生的三角關係——格林家的父母（爺爺、奶奶）位居一角，查克占一角，第三角則是珊蒂，如上圖所示（波浪線表示衝突）。

常見的三角關係是雙親與一位子女，舉例來說，查克和珊蒂結婚的頭兩年相處非常和諧，他們對彼此的關懷和理解恰到好處，親疏平衡程度也讓兩人十分滿意；莉茲出生之後就形成了新三

常見的三角關係

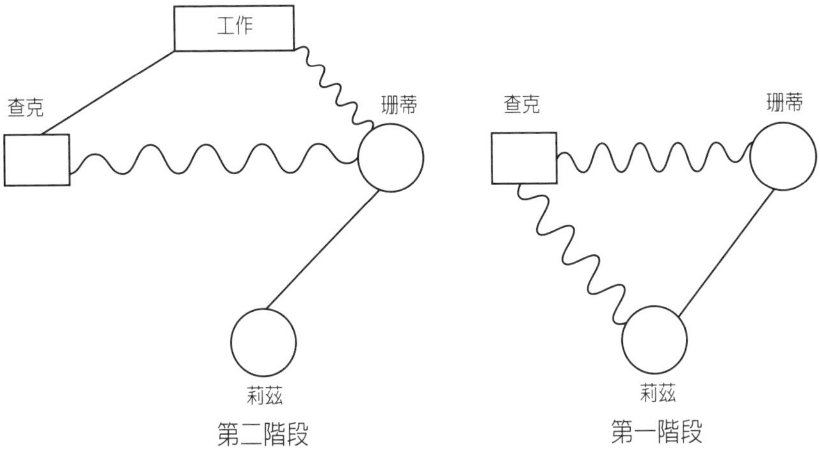

角關係，珊蒂大部分的注意力和精力都不再放在查克身上，而是轉移到莉茲身上。

任何三人在一起的時候，都不可能從彼此身上得到同等的注意力和精力。莉茲獲得了原本屬於查克的母愛和關懷。一如許多父親，查克開始覺得自己變成局外人（處於三角關係中的疏遠位置），珊蒂不再像之前那樣關心他，查克因此怨恨莉茲，但又覺得嫉妒莉茲很傻，卻也不跟珊蒂談自己的感受，於是開始從工作中和同事身上尋求更多關注與滿足感（尋求的場所可能是教堂或酒吧，或從其他女人身上獲取）。查克的工作、查克和珊蒂就形成了新三角關

手足競爭的三角關係

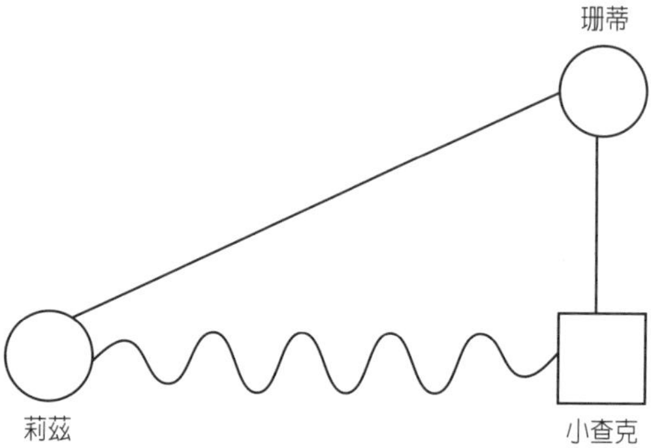

係，在這個次要的三角關係中，珊蒂覺得自己是局外人，而且不受查克重視，他們都覺得自己被對方冷落了，同時視第三方（莉茲或工作）爲競爭對手。

另一種常見的三角關係稱爲「手足競爭」（sibling rivalry）。莉茲在嬰兒時期與母親十分親近，而且很享受母親全心的關愛。莉茲三歲時，小查克出生了，母親大部分的注意力開始轉向小查克。接著，珊蒂和小查克就產生了親密的連結關係，莉茲轉而處於三角關係中疏遠、局外的位置。於是，莉茲開始表現得像小嬰兒，以獲得母親關注。

因爲小查克破壞了莉茲和母親的親密關係，莉茲可能試圖報復小查克，從而產生手足競爭，以獲得母親的注意力；莉茲也有可能試著贏得父親關注，藉以彌補損失的母愛。這麼一來，在莉茲、珊蒂和查克之間，又會產生新的三角關係。

在這個大家庭裡還有許多典型的三角關係，像是在懷特一家裡，不知道是什麼原因讓莉茲的外婆總是想與外公保持距離，而外公則是配合這一點，向外尋求慰藉以滿足自己的需求。

珊蒂出生的時候，母親開始把精力長期專注在珊蒂身上，她關心、擔心甚至依賴女兒；可是在凱爾文和史都出生後，母親卻不怎麼擔心他們。她覺得「他們是男孩子，可以照顧自己，就跟他們的爸爸一樣」。結果，比起凱爾文和史都，珊蒂更難與母親分化，她花了很多時間、感情和精力應對母親的依賴，因此沒有多餘精力可以過好自己的生活。珊蒂也覺得自己是長姊如母，在家裡的作用就是要代替母親照顧兩個弟弟，於是她漸漸視自己為服侍別人的人，而非有自我目標的人，這讓珊蒂難以做自己。這個情況下，存在於母親與珊蒂之間的是緊張的親密關係，而兩個弟弟則是處於局外的地位。在母親和珊蒂的關係緊繃時，兩個弟弟就很樂意疏遠，可是如果珊蒂獲得了他們沒有的特權，他們又會嫉妒不已。

珊蒂因此被訓練成功能過度者，查克在原生家庭中則是功能不足者，總是等著女人來服侍他，珊蒂最後嫁給了查克。珊蒂體恤查克，就像理解母親對她的依賴一樣，珊蒂覺得自己有義務要照顧查克，還要幫他做事（他們都認爲查克自己做不了這些事）。珊蒂因爲與查克不同而產生了焦慮感，於是選擇放棄自己和自己的渴求，藉此應對這種焦慮感，她確保自己照顧好查克，就像她照顧母親那樣。

然而，珊蒂也對自己說：「我才不會讓女兒做家事，像我小時候一樣身兼母職，我要讓她專心當個孩子。」於是，珊蒂把所有的關愛和精力都專注在莉茲身上而忽略了自己，矛盾的是，這也正是珊蒂母親對待她的方式；結果莉茲因此難與珊蒂分化而做自己，也難以爲自己負責。

等莉茲到了青春期，外婆的年紀更大，也變得更依賴珊蒂。同爲功能不足者的外婆和莉茲，都對珊蒂（功能過度者）的要求愈來愈多。珊蒂當然覺得自己有責任滿足她們的需求，不過在這麼做的同時，她也逐漸意識到已經失去自我，而且完全沒有自己的時間。如果莉茲和外婆之間有公開的敵意，或只要兩人搶著占用珊蒂的時間，就會讓珊蒂在這個三角關係中的任務變得複雜，因爲她必須當另外兩人的調停者。

整個過程中，珊蒂的丈夫查克漸漸覺得妻子的關愛被騙走了，查克認爲珊蒂虧欠他，應該把更多時間和注意力花在他身上，而不是偏心女兒或母親。查克視珊蒂的母親爲「控制欲強、頤指氣使的老太婆」，而莉茲則是「心機重、愛操弄別人，又被寵壞的小女孩」。查克對珊蒂說，今天一切會變成這樣都是她的錯，還指責珊蒂是爲了發洩某種怒氣，才會故意忽略丈夫、更關心女兒和母親。查克的這番話加重了珊蒂的壓力和義務感。

查克和小查克也發展出另一個三角關係，查克想要和兒子重建自己和弟弟史坦的關係，因爲查克非常喜歡和史坦的相處模式——查克是老大，可以使喚史坦幫他做事，滿足他的個人需求。查克也希望自己能當個好爸爸，他對兒子比父親對他更好，於是查克和小查克一起做很多事，發展出緊密的父子關係。小查克原本一直很享受和父親這樣的關係，直到小查克進入青春期，開始想獨立行事，而在查克試圖抓緊小查克和從前的父子情誼時，他們之間就爆發了衝突。

這時，查克和小查克都想把珊蒂這個第三方拉進來，以獲取她的支持。珊蒂已經和母親、莉茲、查克組成了另外三個三角關係，因此備感壓力，又被拉進查克與小查克的三角關係中，處於頂峰位置。珊蒂覺得自己受到四方不斷地拉扯，而且有義務支持所有人，或者至少要努力維繫家庭中的和平。

這種情況常見的結局在現代社會稱爲「崩潰」（breakdown），功能過度者想要擺脫替他人承擔責任時，通常把崩潰視爲社會唯一能接受的可行方式。但是，崩潰後的住院治療不過是短暫緩解，因爲功能過度者會帶著與原本相同的責任感，回到最初的情境中，同樣的經歷又會重複上演。

接下來的練習可以幫你專注聚焦於原生家庭的若干三角關係。

3 三角關係中結盟的意義

誠如前述，三角關係中的兩方結盟有兩項作用：減緩焦慮感與控制三角關係的第三方；對於感到緊張焦慮與軟弱無力的人來說，結盟同時提供了額外的支援與力量。

你的三角關係

想像你坐在父母家的客廳，你和父母之中同性別的那位（男生就想像和父親、女生就想像和母親）正在談話，接著不同性別的那位走了進來，並且在你們身旁坐下，這對你們倆原本的對話會產生什麼影響？你注意到自己的肢體動作有什麼改變嗎？你覺得怎麼樣？有何感想？你想要怎麼做？實際上你又做了什麼？

現在做一樣的練習，不過，把情境中談話的對象，替換成與你的性別不同的那位（男生就想像和母親、女生就想像和父親談話），接著與你同性別的那位走了進來……。

把家中的每位成員都套進這個幻想的情境練習中，有不同的第三人走進來時，你們原本的談話會有什麼改變？你會產生強烈的忠誠感嗎？在這個三角關係裡，你是局內人嗎？或者你就變成了局外人？這種情況對你又有什麼影響？

在家庭中，結盟（coalitions）是正常的經驗，新生的幼兒甚至在完全沒有任何自我意識之前，就已經被拉進三角關係的聯盟之中。不過，隨著自我意識發展，幼兒也會學著利用結盟關係。

感到軟弱無力的人，可以藉由結盟應對被他們視爲強而有力的人；對自己沒有自信的人，會把他人的支援視爲救贖（就是能自行其是的機會）。我們試圖藉由結盟應對自尊低落，同時增強我們的影響力。

有一個例子可以顯示結盟如何幫助改善不良的自我形象（self-image）：現今衆多男男女女在三十五歲到四十五歲之間會經歷中年危機（mid-life crisis），不管中年危機確切是怎麼一回事，其中也包含了正視差異——我們所希望的理想生活和實際生活兩者的出入。邁入中年的配偶會反映出我們自己的年紀。婚姻問題、失敗的人際關係或未完成的職業夢想，都讓我們不得不直視人生中的敗筆。我們開始想，也許和年輕一點的人在一起、展開新生活，這個全新的起點就能讓我們找回年少時遺落的夢想，或至少用更充實的方式過完下半輩子。

接下來，我們可能就會和一位迷人的新伴侶結盟，進而感到自己恢復了青春活力；結盟通常的情況都是這樣：和這位新伴侶在一起的時候，他/她讓我們感到自己比實際上更風趣聰明、更性感、更具吸引力、更有活力等，而原本的配偶這時成了局外人，我們只會用負面觀點看待他／她。

在聯盟裡，局內人就是迷人的好人，而局外人就是不吸引人的壞人。我們在結盟的時候往往會破壞事實，真正的企圖在於樹立起良好的自我感覺，並且從他人身上獲得「好東西」。

因此，結盟會導致幻想破滅，到最後我們反而會變得更軟弱無力，或感到被利用（「他想要的只有我的身體」、「她只是看上我的錢」）。

有些人在對婚姻關係造成嚴重傷害之前，就會意識到上述這一點，這樣的話，他們還可以重回婚姻中修補問題。雖然最後還是有可能以離婚收尾，但至少在面對感情問題的同時，他們也正視了自身的情況。這些人最終會感到更堅強，不管是不是和原先的配偶在一起，他們也更能接受後來建立的新生活，無論新生活是好是壞。

其他人則沒有意識到真正的情況，他們持續用是非分明的方式看待妻子與新對象，同時忽略自己在整個狀況中扮演的角色。

這些人會離婚，然後與另一個人同居，同居之後才發現自己完全不了解對方，最後他們和新伴侶也會碰到問題，而他們和第一任配偶在一起的時候就已經遇過同樣的問題了。就算到那個節骨眼，有些人還是學不會，眞正要面對、處理的其實是「自己」，他們還是會覺得問題出在「男人」或「女人」身上。

事實上，結盟的確能增強力量，許多政黨都深諳此道。被霸凌的小男孩隔天會把哥哥一起帶到學校，也是因爲了解這一點。所有感到受丈夫控制的妻子，會把小孩拉進三角關係中好吵贏丈夫，也是因爲懂了這個道理。在家中被視爲強者不見得是優勢，因爲其他人會受到刺激而形成聯盟來對抗你。

案例

艾瑞克對家中所有一對一的關係都非常專橫跋扈，妻子和兩個女兒視他為不折不扣的獨裁者、暴君。然而，她們組成聯盟之後，艾瑞克很難得逞，經常感到沮喪。

艾瑞克偶爾會買禮物收買家中的不同成員（掌管金錢是他在家中真正的

權力），藉此瓦解妻女的聯盟，可是他收買的結盟都很短暫，而且很少能持續下去。

家庭裡也會發展出祕密結盟。這種聯盟很難對付，原因很簡單，因爲大家不會公開承認結盟。如此一來，其他人就無法與之對抗、挑戰，這樣的祕密結盟會對家庭造成極大的破壞。

案例

在某個家庭，父親的主導權很強，母親軟弱無力。他們跟兒子在一起的時候，母親總是同意父親的觀點，藉此在兒子面前展現兩人一致的立場。可是只要丈夫不在的時候，這位母親就會把自己真正的感受告訴兒子，並且允許他做父親不讓他做的事，重點是她也不會跟丈夫說。祕密地「擊敗」父親的方式，讓母子倆都從中獲得快感。

可是隨著兒子年紀漸長，他開始做一些母親不認可的事，還會對她說謊，就像兒時與母親一起欺瞞父親那樣。因為母親在反抗父親的關係中，非常需要兒子的支持，就對兒子的行為舉止睜一隻眼、閉一隻眼。然而，當母親袒護兒子的時候，父親會因此動手毆打母子倆。

後來，母親和父親分居了。母親希望兒子此後能穩定下來，結果兒子不但沒有安分守己，反而為所欲為，到了十五歲，已經犯下重罪。母親一直以來都沒有辦法制約兒子的行為，主要是因為她無法改變對自身力量的看法，如果沒有同盟，她就感到軟弱無能。

另一種常見的結盟是父母與「好孩子」聯手對抗「壞孩子」，壞孩子會一直處於疏遠的局外地位。好孩子會與父母結盟，是因爲他/她在表面上願意順從父母，或公開效法父母的價值觀，因此（就跟結盟的情況一樣）父母會把這樣的孩子視爲毫無缺失。現在已經長大成人的好孩子，在治療中經常會說，他／她其實跟家中的「壞孩子」做了幾乎一模一樣的事，可是從來沒被抓到，而且父母似乎也認爲他／她不可能做壞事。如果家中有一個孩子是代罪羔羊（**scapegoated**，指責特定孩子是家中所有問題的來源），通常會發生上述情況。

代罪羔羊的現象在所有群體中都很常見，這是應對焦慮感的正常方式，許多動物群體也會採行這種方法。一項實驗發現，只要籠子裡有超過三隻以上的老鼠，其中一隻最終一定會變成代罪羔羊。成爲代罪羔羊的老鼠，行爲舉止會變得怪異，其他老鼠則會攻擊或排擠牠。在這種情況下，其他老鼠看起來滿正常的，可是一旦把身爲代罪羔羊的老鼠從大團體裡移除，最後還是會有另一隻老鼠變成代罪羔羊。如果把所有當過代罪羔羊的老鼠關在一起，只會有一隻老鼠表現異常，其他老鼠全都表現正常，而表現異常的老鼠又會變成這個群體裡的代罪羔羊。

在尋找代罪羔羊的過程中，家庭成員在私底下都同意：「我們都沒事，就是那個人有問題，要是不能矯正他／她的行爲，我們就得把他／她排除在外。」一個人對自我意識和親密關係感到焦慮時，應對的方法之一就是找一個代罪羔羊。

因爲，只要能把焦點放在看起來不正常的人身上，其他家庭成員就不需要正視自己的缺陷。

代罪羔羊現象極爲普遍，事實上，在問題兒童（problem child）的成長期間，家人所有的注意力都放在這個孩子身上，通常代表了家中有更深層且更基本的問題被忽略了。這些問題是關於父母及夫妻對彼此關係的焦慮感，而他們的焦慮感源自於個人在原生家庭的經驗，他們從來沒有好好正視或處理這些經歷。

代罪羔羊通常以非常微妙的方式產生，以至於沒有人意識到這個情況，甚至連代罪羔羊本人都未察覺。表面上看來，代罪羔羊就是家裡的問題來源——這個人愛搗亂、個性差或較不討喜，而家裡其他成員都只是想幫助這位代罪羔羊。

重點是，代罪羔羊很少是絕對無辜的受害者，這讓整個情況變得更複雜。代罪羔羊通常會不自覺地扮演家人賦予的角色，多半會故意做一些惹惱家人的事。家中的代罪羔羊通常對於父母之間的歧異最敏感，也是最害怕父母離異的人。代罪羔羊擔心如果父母分開，自己的安全感就會失去保障，因此把這番恐懼化爲動力，提供父母除了夫妻關係之外的焦點，好讓父母繼續在一起生活。代罪羔羊讓父母忽略彼此的差異，把焦點放在自己身上，好讓父母不分離。

問題

① 在你的原生家庭中，哪位兄弟姊妹參與家中的三角關係最多，承擔了問題兒童的角色？

② 你能指出這對家人有什麼影響（不只是負面影響）嗎？舉例而言，如果家裡沒有問題兒童的話，你和父母的關係會有什麼不同？父母可能需要把注意力放在另一個人的問題上，藉此避免面對他們彼此之間的問題嗎？

③ 在你的雙親各自的原生家庭中，是誰扮演了問題兒童的角色？

④ 在家中充當代罪羔羊的人能吸引家人的注意，讓家人忽略其他問題，不過代罪羔羊也有各種不同類型，看看你家裡是否出現過下列類型：□自作聰明，□裝瘋賣傻，□瘋狂天才，□遊手好閒，□笨手笨腳，□社會邊緣人，□神聖不可侵犯，□罪人，□選美皇后（或國王，beauty queen/king，譯注：指外貌美麗，極度渴望成爲目光焦點，但內心惡毒又自私）。

⑤你在小時候被貼上的「標籤」有哪些？哪些是正面的「標籤」？哪些是負面的「標籤」？

⑥這些「標籤」對你的身分和參與家庭事務的程度，又有什麼影響？

一些家庭中存在著由祖父母、父母與孫子女組成的三角關係，如果祖父母對父母的影響力有限，就有可能和孫子女結盟，來增強自己的地位。在這種情況下，祖父母和孫子女常常會視彼此爲朋友一般平等；如果祖父母對父母有威嚴和實權，祖孫結盟的動機就不存在，祖孫關係可能不會那麼親密。

在大家庭中，另一種可見的三角關係是由母親的兄弟、兒子和丈夫組成。如果丈夫很專制強勢，而妻子難以抵禦時，就會產生這種三角關係，這位妻子的兄弟可能會介入給予兒子安慰及長輩應有的關懷，並示範給這家人看應該怎麼對付丈夫。

分化的過程需要你先脫離三角關係，就是擺脫結盟。在面對長期鬥爭的兩位家庭成員時，你必須拒絕選邊站，也不要外求其他家庭成員給予支持或力量以鞏固你的立場，進而形成聯盟。你要採取獨立立場，根據自身需求或觀點，獨自應對其他成員。

想知道你是否身處三角關係中，有一個徵兆，就是你以「忠誠」做爲基礎；如果和一人親近會讓你覺得背叛了另一人（對另一人不忠），那麼你就是處於三角關係中。

案例

坎蒂絲想邀請姑姑和叔叔參加婚禮，可是他們已經和家人斷絕往來很多年了，坎蒂絲的爺爺和奶奶說，如果她這麼做，對他們是羞辱；如果坎蒂絲堅持邀請姑姑和叔叔，那麼爺爺和奶奶就不出席了。在權衡得失之後，坎蒂絲告訴祖父母，她還是非常希望姑姑和叔叔能參加婚禮，所以依然會提出邀請。祖父母一開始責備坎蒂絲不顧多年養育之恩，「背叛」了他們，不過後來他們的態度軟化，仍然出席了婚禮。出乎意料的是，祖父母和姑姑、叔叔兩方，在婚禮上相處得非常融洽，從此以後的關係也改善了。

擺脫三角關係並非總是能有前述這般美好的結局，但是不管坎蒂絲的親戚做了什麼決定，坎蒂絲都忠於自己，並且從不健康的結盟關係中解放了自己。

問題

①家庭成員中經常有類似「債務人」（debtor）和「債權人」（creditor）的關係，你個人是否對原生家庭中的成員也有虧欠感，或者覺得有人虧欠你呢？

② 你家的成員是否也有上述的感受？你的父母在他們的原生家庭裡有沒有這樣的感受呢？

③ 這些相互平衡的忠誠關係，對你的家庭有什麼影響？又是怎麼影響家庭關係的呢？

4 三角關係中的各種角色

在三角關係和結盟中有三種基本角色：「迫害者」（persecutor）、「受害者」（victim）及「拯救者」（rescuer）。在三角關係的戲劇性循環中，這三種角色不見得都會在每個場景裡同時出現，但是整個循環過程中通常包含了所有角色。每位家庭成員在不同狀況都能扮演這三種角色，因此迫害者也可能轉換角色，成爲受害者或拯救者。

舉例來說，在蘇的情況裡，當蘇的父親（迫害者）對母親（受害者）發怒，淚流滿面的母親在蘇（拯救者）眼裡毫無抵禦能力，她又認爲父親對母親口出惡言，於是過來解救母親、攻擊父親，並指責他太過專橫無理。這時，蘇就變成了迫害者，而父親的角色則轉變爲受害者。母親覺得蘇對父親說的話太過分了，於是變成父親的拯救者、女兒的迫害者。接著，蘇很氣母親這樣的行爲，所以衝著她發火（迫害），批評母親太過軟弱，說母親應該要更常捍衛自己的立場，於是父親又出面拯救母親並指責（迫害）女兒（新受害者），說她不應該這樣對母親說話。

在蘇的例子裡，每位家庭成員都扮演了這三種角色，這個現象代表家人之間有一定程度的融合，不過，如果每個人都能扮演好這些角色，這樣的家庭關係會比較健康。如果家中有人始終扮演特定角色（例如，父親一直是迫害者、母親一直是受害者、女兒一直是拯救者），這個家庭的功能往往會變得紊亂、較無彈性。

三角關係的角色在人際關係裡控制親疏程度的過程中，只是更純粹化的狀況。雖然從表面上看來，拯救者是功能過度者，受害者是功能不足者，而迫害者可能是兩者之一，但事實上，這三種角色都可以是功能過度者或功能不足者。

在他人眼中，受害者軟弱無助，他們也覺得自己很弱勢。但事實上，家裡最有權勢的通常都是受害者。受害者有辦法吸引他人大量的關注，而且在需要做決定的時候，大家一定會把受害者納入考量。受害者通常很清楚如何利用無助、可憐的狀態，激發他人出手相救。

受害者有辦法拉攏他人，讓他人幫忙解決自己的問題，因爲如果有人願意替受害者承擔責任，他們就不用自己負責了。許多人接受心理治療，是希望治療師能告訴他們該怎麼做，甚至幫他們做事，藉此讓治療師拯救他們。家庭成員對指定的拯救者的態度，也是如此。

受害者除了會從這個角色中獲益，還能轉移拯救者與迫害者的注意力，從而幫助他們：有受害者在身邊需要幫助時，拯救者就不用關注思考自身感受與自我肯定；有受害者可以指責時，迫害者就不需要爲自己當下在問題裡所扮演的角色負責。受害者幾乎都是「自願成爲受害者」（willing victims），因爲他們在表現功能不足的時候，在某種程度上也促進了家庭關係。

事實上，幾乎所有家庭裡的代罪羔羊都是自願擔任這個角色，透過表現出功能不足的樣子，讓全家人的注意力聚焦在自己身上，這麼一來，大家就不用去想不開心，甚至可能具有毀滅性的事情。如果拯救者不再對受害者負責，受害者會認爲再也沒有功能過度者來替自己解決問題，反而可能會開始對自己負責。

就跟受害者與拯救者一樣，迫害者也會感到焦慮不安，不過他們經常表現出極有自信與充滿安全感，而且道德正義似乎在他們那一邊。因此，迫害者焦慮不安的一面並非總是顯而易見。事實上，迫害者最喜歡使用的字眼就是「應該」（should）、「理當」（ought）、「一定要」（must）、「必須」（have to）。就跟拯救者一樣，迫害者經常替他人承擔責任，因爲他們覺得只有自己曉得行事的正確方式，迫害者也會攻擊別人做事做得不夠好（沒有按照迫害者的方式行事）。一如另外兩個角色，迫害者相信自己會變成這樣都是他人造成的。當受害者拒絕拯救者提供協助時，拯救者轉而變爲迫害者的情況也不少見。

問題

①在你的原生家庭裡，誰是迫害者？誰是受害者？誰是拯救者？
②在扮演別人賦予你的角色時，你是否失敗過？後來的結果怎麼樣？
③你認為你的父母小時候在各自的原生家庭裡，扮演的又是哪個角色？

Chapter 7

原生家庭中的
出生順序與性別位置

真希望我能像姊姊凱特（Kate）那樣扭腰擺臀。

——A．J．皮榮（A.J.Piron）

影響我們性格形成的因素很多，其中也包含了出生順序與性別位置。我們看待自己的方式以及我們對待外人（家人以外的他人）的方式，都始於家庭成員依身分對待我們的方式。所謂的身分，就是我們的性別，還有身爲長子女、次子女或么子女的出生順序。

「孩子在手足中的長幼排序，對他往後的生活歷程有著極爲重大的影響。」佛洛伊德（Freud）是第一位注意到這一點的心理治療師，而這一點早就受到世人認可。例如：長子女都具有特定的人格特徵，像是成就導向（achievement-oriented）、領導能力等。其他出生順序和性別也有共同的特點，舉例來說，有姊姊的小男生和有哥哥的小男生，因爲成長背景（指「手足性別不同」），人格特質也會有所不同。同一對父母生出的孩子，個性可能極爲不同，這跟出生順序不同有十分緊密的關聯。

本章參考了相關領域中許多權威研究與著作，並主要以奧地利心理學家沃爾特．托曼（Walter Toman）的研究成果，歸結出長幼排序不同所造成的性格特徵。托曼研究了數千個「正常」家庭，期間持續觀察到出生順序和手足性別順序相同的人，有著非常相似的性格特徵。托曼的著作《家庭排序》（*Family Constellation*，施普林格〔Springer〕公司出版）在這塊領域是經典，也受到高度推薦。

許多研究人員仿效了托曼的研究並得出類似結論，其他人在某些方面不認同托曼，露西兒．佛瑞（Lucille K. Forer）和阿爾弗雷德．阿德勒（Alfred Adler）選擇採用其他方法研究這項觀點。

以兄弟姊妹的數量、性別和相對年齡爲基礎的話，出生順序的變化就有無數種可能。不過，所有出生順序都是以下幾頁列舉幾種情況的組合，例如，有兄弟的次子具備混合了哥哥和弟弟性格的特徵，兄弟人數與總年齡差距會決定這位次子比較像哥哥或弟弟。

性別分配也會讓情況更複雜，有弟妹的長男性格特徵，會和只有弟弟或只有妹妹的長男相似。

如果手足的年齡相差超過六、七歲，每個孩子都會比較像獨生子女，雖然他們仍保有與自己出生順序和性別位置最接近的特徵，這些特質以純粹形式表現。例如，一個和弟弟相差八歲的長姊，最有可能表現得像獨生女（因爲八年來她一直都是獨生女），不過，她也會和有弟弟的長姊共有類似的性格特點。

兄弟姊妹的年齡差距較大時，就會形成小團體，而小團體中的每個人會依據自己在小團體中的位置，發展出相對的人格特徵。舉例來說，一家有三個女兒，六年之後又有兩個兒子出生，兒子們的年齡相差兩歲，那麼最小的弟弟反而會更像有哥哥的弟弟，而比較不像有姊姊的弟弟；手足的年齡差距愈大，前述情況就愈顯著，年齡差距愈小，手足對彼此的影響就愈大。

對出生順序和性別排序的人格敘述，並不代表每個人就該如此，只是反映出多數人的表現。這些共同性格特徵屬於敘述性，並非絕對。我們的目的是要協助你看出人格中某些方面的可能成因，並讓你了解家中的其他成員爲什麼會有各自的行事風格。在你否認我們對出生順序及性別的敘述之前，請保持開放的態度（這一點非常重要），並仔細檢視你的人格特質，相關敘述可能與你的狀況不符，但如果相符的話，就能在自我改變的過程中助你一臂之力。

了解你與伴侶的出生順序組合在一起，如何影響了你們的關係（或是你父母的出生順序如何影響他們的關係），這一點尤其有助益。在其他條件皆相同的情況下，有些配對會比其他配對更合得來，這純粹是因爲兩人的出生順序和性別排序十分契合。這裡所說的契合，指的是兩人在原生家庭中擁有幾乎相同的年齡與性別順序。例如：上有哥哥的么女，通常和下有妹妹的長子最處得來，因爲這樣特定的性別和相對年齡，讓兩人都感到舒服自在。

我們對生活的許多基本理念，都來自於在手足中的順序位置，所以在成年後的人際關係中，如果這個位置以某種形式保留下來，我們也會感到輕鬆許多。如果成年後的情況，與兒時熟悉的背景大有出入，我們可能比較難應對。即使原本的地位不那麼令人滿意，但至少是我們所熟知的，人往往「寧可跟熟悉的魔鬼打交道」（意指「明槍易躲」），這樣才能做好準備以應對已知的情形。

么妹和長男的組合通常相處和諧，並不是因爲他們天生就有什麼特別的優點，而是因爲這是兩人感到最舒服自在的位置，他們知道要怎麼和對方互動。就算出現了問題，但同樣的問題在其他不同的組合中可能嚴重得多。

相反的情況是，有妹妹的長姊嫁給有弟弟的長兄，在這種情況，兩人都習慣當家裡的老大，因此都具有「威嚴」，而且兩人都不熟悉與異性同輩相處，他們很可能會因爲控制權和缺乏對異性的了解而發生爭執。

雖然最適合的組合是在原生家庭中排位相近的兩人，但這不見得是大家找對象的條件。一開始會吸引我們的對象，通常是那些和自己有許多共同點的人，因此，同爲家中老大的人會對彼此有共鳴，也有一樣的挫折與重擔，這兩人可能覺得找到了知音。等同居一陣子之後，他們就會發現雖然彼此有許多相似之處，但常常個性不合，並且爲了爭奪家中的主權發生衝突。

對大部分的人來說，現在才依據互補的出生順序和性別排位選擇配偶或伴侶爲時已晚。「我們已經做出選擇，只能堅持下去！」就算你和選擇的另一半不適合，還是有希望，只要更努力克服兩人之間特定的障礙就對了。在兩人個性不互補的感情關係中，出生順序與性別排序可能是問題的來源，如果能有這樣的認知，就更容易找到應對方法。像出生順序這麼簡單的事情，就可以解釋感情關係中的主要差異，誰也不必怪誰，了解了這一點之後會很有幫助。一切不過是雙方的差異，只不過這樣的差異比其他差異更難應付。舉例來說，有弟弟的長兄和有妹妹的長姊結婚之後，可能會因爲主導權而起衝突，一旦理解這一點，在發生衝突時，雙方可以不用再責怪對方。這樣的伴侶組合就是比較辛苦，只要接受就好。也許在你們表現出長兄或長姊的舉動時，甚至還能學會笑看衝突。出生的先後順序似乎對同性關係也有影響，雖然這方面的研究較少。也就是說，跟長姊么妹的組合相比，上有姊姊而排行最後的兩個妹妹之間相處起來反而比較複雜。

這也適用於我們成年後的交友情形，與我們合得來的人比較有可能來自互補的出生順序，如果朋友的長幼排序和我們並不互補，就解釋了友情中存在的緊張關係。

案例

瓊和雅拉是鄰居，很喜歡和彼此作伴，她們對地方政治都有興趣，孩子的年紀也一樣大。不過，她們經常對各種議題有強烈分歧，尤其是談到跟男性有關的話題，講到各自的另一半時，她們的看法更是不同。雅拉每次都會替男人的行為辯解，若丈夫對她不好，她會幫忙找藉口，而且她還會批評女性主義者。瓊則認為雅拉丈夫對待雅拉的方式十分惡劣，她不能理解為什麼雅拉要一直忍受丈夫。事實上，雅拉是家中的長女，有兩個弟弟，因此很習慣照顧被寵壞的男人，而瓊是獨生女，所以自身權利與女性權益更讓她感興趣，知道了這一點以後，兩人的差異就不足為奇。

互補和非互補的出生順序，也會影響父母與孩子的關係。例如：上有哥哥的么子和身為長子、下有弟弟的爸爸，可能擁有親密的父子關係，而上有姊姊的么子和前述的父親相處起來可能就沒有那麼愉快了。

了解父母出生的順序，有助於理解他們成為父母後的行事方式，例如：么子女因為少有照顧他人的經驗，通常在養育子女這方面會遇到較多困難；身為家中么子女的家長通常會希望自己的子女能承擔家庭的責任。

有些人覺得出生順序對人格的敘述就像用星座看人一樣，不過研究結果的確證實了這些敘述大致上可靠。沒有人會完全符合出生順序的人格敘述，因爲家中各種變因都會影響性格形成。在本書的續作《你是老幾》（*Birth Order and You*）中，我們會更深入探討上述變因，深層探究出生順序造成的人格特質，也會提供更多例子，其中有許多名人實例。

大部分的讀者都會說這些人格敘述和他們的個性幾乎完全吻合，也有讀者覺得完全不像，後面這類讀者如果能把敘述提供給伴侶或好朋友，接著再問問它們是否符合你的特徵，也許就有幫助，因爲我們時常對自己的人格特質視而不見。舉例來說，丈夫說：「這些敘述完全符合我太太的情況，可是根本不符合我。」接著太太也說：「這些敘述完全符合我先生的情況，可是根本不符合我。」這樣的例子並不少見。

你需要用一定程度的客觀性看待自己，才有辦法接受這些敘述的準確度。如果所有人都同意相關敘述並不符合你的情況，就需要更進一步探尋其他影響性格的可變因素了。

1 長子女

首先，長子女一開始是家中的獨生子女，但他們才剛習慣了自己在父母心中的特殊地位，不久就被新生兒取代了。如果第二胎出生的時間在五年內或更短，這對長子女來說是極大的打擊。如果長子女超過五歲的話，他們已經在家庭以外的世界有了一席之地，以及相當穩固的身分，比較不會受到新生兒的威脅。

如果第二胎和長子女的性別相異，長子女的負面反應也比較不會那麼大，因爲兩個孩子的直接競爭比較少，這裡所敘述的長子女特質也比較不明顯。

如果第二胎和老大是同性別，那麼老大就會備感威脅，形成長子女共同的特徵之一：他們非常努力當乖小孩，認爲這樣的話父母才會繼續喜愛他們，而不是轉而疼愛弟妹。父母在不自覺中也會強化這項特質，因爲他們會告訴長子女說，長子女的年紀比弟妹大，也比較聰明，所以比弟妹優越，儘管新生兒還是吸引了父母大部分的注意力。父母也會期許長子女爲弟妹樹立良好的典範：當個好孩子，幫忙照顧新生兒。如此一來，長子女通常具有許多爲人父母具備的特質：他們會照顧人、通常很能應對責任，也能承擔領導者的角色。美國總統有超過半數都是家中的長子，美國首批二十三位男性太空人，就有二十一位是長子或獨子。

這樣的責任感也會成爲負擔，因此長子女可能會變成完美主義者和容易擔憂的人，他們不敢犯錯，也不敢讓家長或其他有權威的人失望。如果家庭中衡量成功的標準是「犯罪」，長子女往往會是最「成功」的家庭成員，因爲他們很可能成爲黑手黨的「教父」，或是像希特勒（Hitler）那樣張狂的世界領導者。

長子女對成就的高度要求往往讓他們更緊繃、更嚴肅、更保守，比起他人較不風趣愛玩。他們通常工作非常努力，行事一絲不苟，很難接受別人的批評。

另一項對長子女的早期獨特影響，就是父母在「爲人父母」這件事也是新手，父母對於剛出生的老大通常興奮不已，因此非常期待，十分關注孩子的一舉一動：孩子首次微笑、說出口的第一個字、邁出的第一步都讓他們驚歎，同時也被記錄在成長書裡。父母對之後出生的孩子就比較習以爲常了，愈後面出生的小孩獲得的注意力愈少，完成小事的時候也不再得到與長子女同等的讚美。不過，長子女是「首度實驗」，父母並不知道確切該怎麼做，誠如某位劇作家所言：「生孩子應該要像做鬆餅一樣——做出來的第一個先丟掉。」

長子女學習認同父母的觀點，到最後經常變成維護家庭現狀的人，首先挺身而出爲弟妹保存家庭傳統與道德，接著再向外界強行推展；長子女可能會變得非常死板而不願意接受任何改變或妥協。

有一部分是因爲長子女會利用權威自行其是，還有部分原因是他們往往太嚴肅、不露聲色。長子女通常比其他人更難結交朋友，只有一位知己的情況很常見，因爲他們對別人的怠慢很敏感，也不太能容忍其他人犯錯。

弟妹的性別和數量，對長子女最終的性格發展非常關鍵。如果後面的孩子和長子女的性別相反，上述的性格特徵就不會那麼顯著。如果後面的孩子和長子女的性別相同，尤其是有兩個以上的弟妹，上述的性格特徵可能更突出而明顯。

1 姊妹中的長女

姊妹中的長女通常聰明、堅強、獨立、能夠照顧自己和他人，做事會傾向於有條有理、控制欲強，可能很難接受別人的建議或幫助。這樣的長女個性外向且有自信，或至少會表現出這個樣子。她對每件事都有自己的看法，（她會認爲自己的觀點）是正確的看法。長女通常表現良好、愛乾淨，藉此以取悅父母。

妹妹愈多的長女就愈不可能擁有幸福的婚姻，甚至有可能不結婚。和長女最匹配的結婚對象是有姊姊的么子，這樣的男人已經習慣有更強勢的女人在身邊，長女可以照顧他、管理他的生活，他也不會有太多抱怨，有哥哥的么弟也能接受長女的帶領。獨生子有時候跟長女也會很相配，因爲他不習慣和同輩相處，所以能接受長女像母親般的角色。

有弟弟的長男通常和長女是最不適合的配對，因爲兩人都想掌握大權，可能會經常產生家庭權力鬥爭，畢竟兩人都不習慣和異性相處，他們難以理解男女的差異，可能還會說出下列句子來打發對方：「所有男人（或女人）都是如此這般……」

有妹妹的長女如果有子女的話，經常會冷落丈夫而把所有注意力轉向養兒育女；長女經常是過度強勢和過度保護小孩的母親，不過同時也無微不至，長女通常比較想生女兒。

長女的親密女性朋友可能是次女或么女，因爲這就跟在家裡一樣，長女和其他有妹妹的長女有許多共同點，所以也合得來，只要彼此不參與合作計畫就好，因爲這之中可能會產生權力鬥爭。

2 有弟弟的長女

有弟弟的長女通常是堅強獨立的女性，行事腳踏實地、纖細敏感，雖然有時候可能看起來過於謙虛，但有健全的自我意識。

對於這樣的長女來說，男性通常是最重要的——就是她最珍貴的資產，弟弟愈多就愈是如此。她可能很樂意放棄工作，以便於專心照顧另一半，替對方設立目標，幫對方打理家庭和照顧小孩。

男人通常比較喜歡有弟弟的長女，因爲個性隨和，不會和男人競爭，並且讓男人聯想到母親，也正因如此，男人對她不太會有浪漫的幻想。如果這樣的長女有很多弟弟，就比較難與特定男人結婚、一輩子安定下來，因爲她喜歡有許多男人圍繞；就算結婚了，她還是有可能以某種形式與其他男性交往，並且充當他們的「庇護者」。

最適合她的丈夫人選通常是有姊姊的么子，這是他們倆都習慣的模式，當男方需要的時候，女方會引導並培育他；有哥哥的么子也可能願意接受女方的帶領，不過他在和女性交往上可能會有困難。

有弟弟的長子對她來說通常是最不適合的配對，因爲他們可能會爲了爭奪主權而發生許多衝突，孩子出生之後往往能減緩這樣的緊張關係，因爲他們都喜歡再次被小孩圍繞（「再次」是相對於手足而言）。

有弟弟的長女通常會想要生小孩——這是她的第二珍貴資產（如果生的是兒子，就會晉升爲最珍貴的資產）。

她的女性朋友（如果有的話）可能是有姊姊的么女或次女，獨生女也可能跟她變成好朋友。

有弟弟的長女在工作上通常是友善的夥伴，雖然不太認眞。在遇到衝突時，她可能會擔任調停者，但不會硬要接手管事。她會巧妙地建議男性上司如何改善，並把功勞留給上司。如果她處於領導職位，會小心行事、圓滑敏捷，工作分配得宜，通常是因爲她認爲這些事不值得花時間做。

3 有弟弟的長子

有弟弟的長子通常是家中的「老大」，他經常是一群男性的領導者，而且喜歡掌控生活的各個層面。他通常對自己和財產很嚴謹，在許多方面都是完美主義者，小至要求房子一塵不染，大至想要贏得所有競賽。

他做事通常很成功，跟其他人相處也很融洽，尤其是跟男性，可是往往不會和任何人保持親密關係。這樣的長子雖然不會承認或主動要求，但是他喜歡女性像母親一樣照顧他，他對妻子有很高的期許，可是通常付出得很少。

和他最匹配的是有哥哥的么女，這樣的女孩可能有點男性化，不過很可愛，而且也很喜歡和男性相處。然而，如果這樣的配對想要成功，女方必須迎合、滿足他的需求，這往往超出了么妹的習慣。

有弟弟的長女也可能是適合的組合，因爲她具備母親的特質，他們可能會爭論誰的觀點才是正確的，因而發生衝突，不過她會試著用幽默化解。最糟糕的組合就是和有妹妹的長女，因爲對雙方來說，家中排行和性別都會引發衝突，這種組合的相處模式，就像被迫住在同一座城堡裡的兩位君主。

這樣的長子通常是嚴格又保守的父親，孩子（尤其是長子女）經常覺得被父親誤解。

他在工作上通常願意接受男性上司的權威，而且努力仿效或試圖篡奪上司職位，最後很有可能成爲律師、部長、經濟學家、政客、太空人、公司總裁或國家元首。

4 有妹妹的長子

有妹妹的長子通常比有弟弟的長子輕鬆風趣、隨和多了，他相信生活與愛很重要，在某些方面可能是享樂主義者，不過是體貼無私的那一種。

他通常非常喜歡女人，對女人溫柔體貼，而且幾乎跟所有女人都處得來。可是，和他最匹配的往往是有哥哥的么女，因爲這完全複製了他熟悉的背景。如果他娶了有弟弟的長女，他們可能會因爲爭奪領導權起衝突，但是孩子的到來往往也會減緩他們之間的競爭。有姊姊的么妹可能會順從他的權威，不過對他而言，她們太拘謹了。有妹妹的長女和這樣的長子配對，通常會遇到最多困難，不過因爲他很擅長取悅女性，應該還是應付得來。

無論是和什麼樣的人配對，妻子對他通常比孩子重要，不過他是個好爸爸——既關心孩子又不會過度嚴格。

有妹妹的長子通常不屬於男性群體中的一員，不過他和大部分男性都能保持友好關係。這樣的長子如果妹妹愈多，就愈難結交到男性朋友，或是只和特定的女性交往。

在工作上，這樣的長子通常是好員工，尤其是有女性同事圍繞的工作環境。他喜歡當領導者，不過是一個隨和的上司，想要員工在完成工作的同時也能樂在其中。如果工作環境中有許多女性，他通常會非常喜愛工作，例如在劇院、芭蕾舞團或教會任職。他也很適合從事公關和廣告相關行業，可是最適合他的工作也許是小兒科醫生或婦產科醫生。

2 么子女

就跟獨生子女一樣，么子女永遠不會有被新生兒取代的經歷，他們一直都是家裡的「寶貝」，甚至到了成年，他們也會因此看起來很年輕或很稚氣，就算已經過了嬰兒期，家人還是會繼續把他們當嬰兒哄。

因爲么子女是家裡的寶貝，享有長子女和次子女沒有的特殊地位。每位家人都會覺得自己有責任要照顧家中最小的孩子，所以么子女會獲得許多關注。么子女往往比家中的其他孩子更受寵，可是他們不會被寵壞，反而學會期待生命中的美好事物，通常到最後會成爲積極的樂觀主義者。

父母在生下么子女的時候已經有育兒經驗了，所以對么子女的學習發展不再感到那麼驚奇，對於爲人父母的態度也更輕鬆自若。父母通常能夠坐視么子女自由成長，並享受這個過程。如果父母在這時候已經對養兒育女感到厭倦，甚至會忽視么子女。無論出於何種原因，父母往往對么子女的期望較低，因爲望子成龍、望女成鳳而加諸在他們身上的壓力也較小，你可能會猜到，么子女因此獲得的成就也較少。么子女缺乏自制力，而且身邊一直有年紀更大、更有智慧的人幫助他們處理事情，所以么子女也不擅長做決定，反而繼續期待有人（例如：配偶）能幫他們解決問題，或者他們也可能變得非常極端——拒絕別人的幫助並怨恨幫忙的人。

么子女往往對生活鮮少有強烈的野心，也是最不遵循家庭傳統的人，除非兄姊無人願意遵守。如果讓他們自由發展的話，么子女通常會選擇投入具有創造性的藝術產業。

如果太常受到嘲弄或頤指氣使，么子女就會變得叛逆、難以控制，最後還可能為社會上的弱勢群體發聲及爭取利益。么子女傾向於打破社會成規、抨擊社會階級制度，但不會直接引發衝突。他們通常會用冒險的方式體驗人生，保持開放態度，樂於嘗試新事物。

因為他們是家裡最小的孩子，么子女很早就知道，若想要為所欲為，採取挑釁的手段是無用的，因此，他們發展出操弄他人的風格——像是噘嘴或故作迷人的樣子，以達成自己的目的。

在某種程度上，么子女一輩子都想趕上兄姊，可是除非他們投入完全不同的工作領域或生活方式，並以自己的方法獲得成就，不然很難實現這一點。

就算么子女會反抗權威，他們更有可能成為跟隨者而非領導者，而且還會積極取悅他們欣賞的領導者。如果么子女恰巧處於領導者的位置，跟隨他們的人會很喜歡他們，但不會認真看待他們的權威性。基本上，就算么子女會反抗體制或規範，他們還是很依賴他人，么子女常常會選擇年紀較大的伴侶，然後再反抗伴侶的控制。

童年備受疼愛的么子女通常善於交際、個性隨和且受人歡迎。如果童年時曾經歷嘲弄霸凌，他們很有可能變得怕生，而且個性暴躁易怒。

1 有姊姊的么女

有姊姊的么女一輩子都表現出「家中小么妹」的樣子，她應該很隨興、快活，無論年紀多大都具有冒險精神；她也有可能不修邊幅、任性，有人還會說這樣的么妹有時候相當頑劣。

她的個性好強，尤其喜歡跟男人比，但通常也會打情罵俏並徹底展現女性特質。在感情關係中，她可能會試圖表現得更迷人，並且比姊姊更早結婚生子，藉此趕上或超越長姊。

和她最匹配的丈夫通常是有妹妹的長子，因爲他能夠看穿么妹操弄、挑撥的把戲，所以有辦法制伏她。就排行來說，有弟弟的長子也是不錯的選擇，不過在性別上就另當別論了，因爲這樣的兩人在成長經歷中，都沒有和異性同輩相處的經驗。

最不適合她的對象通常是有哥哥的么子，因爲兩人都不太會關心、照顧別人，也不習慣和異性同輩相處，所以很可能會起衝突。

她對教養子女不太感興趣，通常在養兒育女方面需要很多幫手，如果不是讓丈夫或母親幫忙，就是付錢請人照顧小孩；不過，她隨和的教養方式通常很受孩子喜愛。她的好友可能是有妹妹的長女，家中的姊妹愈多，通常她愈在意的就是和女性的友誼，而非男性與婚姻，不過她還是會努力吸引異性的目光。

如果在工作上有較年長的男性或女性引導她發揮才能，她就能夠有所表現，否則她的工作模式會不太穩定。如果從事的工作需要高度技能但內容機械化，她就能完美執行，例如祕書或電台播報員。她有時很有創意，但往往反覆無常又難以預測。她可能會憎恨強硬的領導者，但因爲自己行事優柔寡斷，通常不會成爲領導者。

2 有哥哥的么女

有哥哥的么女通常很友善、樂觀、迷人、風趣樂天，是家中最特別、大家最寵愛的孩子，而且一輩子都討人喜歡，因此不需要付出太多努力就能讓一切順心如意。

她可能會像男人婆，在某些情況下還會對男人感到憤怒，因此試圖與之競爭。不過，男性很容易受她的美貌與隨和個性吸引，成群圍繞在她身邊，她也因而十分喜愛男性。家中兄長愈多，她就愈難只和一位特定男性訂終生。

然而，她通常會有美滿的婚姻，而且會視丈夫爲珍寶。她有時太過溫順服從，雖然也可以很自私。除了丈夫，她身邊通常還會有幾位男性知己或良師益友。與她最匹配的結婚對象通常是有妹妹的長子，他和女性相處很自在，也知道該怎麼取悅迷人的女性。這樣的么女通常對男人很有安全感，最有可能替自己找到最佳伴侶。

她通常夠聰明，知道要避開有弟弟的長子，因爲對方雖然會受她吸引，但不會臣服於她的魅力之下。有哥哥的么子通常是最不適合她的對象，因爲彼此都想要有人照顧，對於男女之間的差異，對方可能沒有足夠的耐心應對。

她可能只是爲了取悅丈夫才想要小孩，不過她通常會是好母親——因爲太好了，兒子可能會過度依賴她。

有哥哥的么女通常不太看重女性友人，而且女人們多半會嫉妒她。

她通常不是嚴肅的職業女性，所以在年紀較長的男性上司手下工作，效率最高、最能發揮長才。

3 有哥哥的么子

有哥哥的么子通常會像特技表演中大膽的空中飛人，任性固執、反覆無常又十分叛逆，歷史上許多刺客都是家中的么子（如：約翰・威爾克斯・布思〔John Wilkes Booth，刺殺美國林肯總統〕、李・哈維・奧斯華〔Lee Harvey Oswald，被認爲是甘迺迪刺殺案的主嫌〕、索罕・索罕〔Sirhan Sirhan，被認爲是甘迺迪刺殺案的第二槍手〕）。

有哥哥的么子個性難以捉摸，可能前一刻心情很好，下一刻就情緒低落。他做某件事時，可能一次很成功，但下次就失敗了。他通常不會提前計畫，而是活在當下並滿足眼前的渴求，這讓他大多時候都很靈活、有彈性。

生活順遂的時候，他顯得無憂無慮、善良可親，而且通常很神祕或浪漫。如果事情進展不順，他往往會直接離開，因爲不喜歡失敗。他很習慣接受他人的付出（精神或物品），而且隨著年紀漸增也開始揮霍金錢。

一般而言，有哥哥的么子很合群，不過通常在女性面前非常害羞，他沒有太多和同齡女性相處的經驗，經常對她們感到有些恐懼，擔心不了解她們。他有時候會太有禮貌，顯得有點放不開，或是他在女性身邊也有可能裝瘋賣傻扮小丑。有弟弟的長女通常是最適合他的結婚人選，尤其是具有母愛的類型，而且只要在管理丈夫生活時能不著痕跡，他就會接受。有弟弟的次女也是不錯的選擇。會遇到最多困難的夫妻組合則是與有姊姊的么女，因爲他們都不知道要怎麼對待異性，兩人都不想負責處理家務或養兒育女。孩子對他來說通常是負擔，不過他也可能是孩子的好夥伴，尤其是兒子，因爲他很容易就能跟小孩子打成一片。

對他來說，男性友人通常比妻子或小孩更重要，在與同事競爭或有主管監督時，他的工作表現最優秀。他在工作上往往是跟隨者，不然就會提出標新立異、有時令人難以接受的改革建議。在成長的過程中，有哥哥的么子智力發展速度比不上兄長，因此經常會轉往體能活動發展，像是運動或舞蹈，或是創意性活動，如藝術、戲劇表演等。

4 有姊姊的么子

有姊姊的么子通常終身受女人照顧，在大多數情況下，他對此安然自得，不過如果姊姊對他的控制欲太強、專橫跋扈，他就有可能變得叛逆。如果情況允許讓他堅定自主，他通常會成爲高自尊的人，喜歡他和迎合他的女人會被他視爲理所當然。

有姊姊的么弟在兒時非常受寵，不只因爲他是家中最小的孩子，也因爲他的「獨一無二」（家裡唯一的兒子），父母可能一直以來都想生個兒子。調查顯示，大部分的父母都想有至少一個兒子，並且會一直嘗試到生出兒子爲止。正因爲這樣特別的地位，他通常不需要太努力就能脫穎而出。他在工作上可能很有才能，但不見得願意一直付出。如果他對工作感興趣，又有那方面的專才，他就會成爲該領域的專家，尤其是家裡有另一半能把他照顧好的話。不過他很難遵守工作期限（必須完成的日期），也很難保持工作方法始終得當，在內容刻板的工作中，如果不需要自動自發、自我鞭策，他的表現會最好。

他的態度友好，但情緒多變。如果家庭環境很好，他終身都會和姊姊很親近；姊妹愈多，他就愈難和特定一位女性定下來，不過他通常很樂意結婚，而且有很多女性願意取悅他。就算他可能不願意爲她們付出太多，還是有許多對象可挑選。最適合他的結婚對象是有弟弟的長女，因爲對方很會照顧男性，而且願意當「偉大男性背後的推手」（無論他做的事偉大與否）；這樣的么子不管和誰結了婚，原生家庭中的姊姊還是會設法照顧他。

如果有了孩子，他可能會認爲孩子入侵了他的生活，兒子會被視爲競爭對手，所以他通常和女兒比較處得來。就算沒有孩子，他也一樣快活自在，因此妻子需要一肩扛下養兒育女的重擔，或至少等到孩子長大一點能跟他分享爲止。如果妻子也是么女的話，他們都不會想負起爲人父母的責任，最好的情況是不生孩子。

3 排行居中的子女

排行居中的孩子，不管是三個孩子中的第二個，或是四個孩子（以上）排行在中間的小孩，都很難形容。他們的年齡比弟妹大，又比兄姊小，個性身分較不鮮明。長子女是家中的第一個孩子，而么子女是家裡的寶貝，排行居中的孩子則不像兩者具有獨特的角色。一項針對有三個孩子以上家庭的研究發現，長子女與么子女通常是家裡最受寵的小孩。

事實上，基於其他手足的年紀、性別與數量，出生順序居中位置的變化很多，多到難以個別討論。換句話說，排行居中的孩子如果年齡與較長的孩子接近，或是在四個孩子中排行第二，這個孩子就會比較像長子女；如果這個孩子的排行位置較後面（出生時間較晚），那麼個性上就會比較像么子女；完全居中的次子女則會同時擁有長子女和么子女的人格特質。

排行居中的孩子從來沒體驗過完全擁有父母的愛，受到的關注也不如長子女多，雖然他們出生時，父母已經有育兒經驗，家中的氛圍較輕鬆、平穩，可是他們在受益不久之後又被新生兒取代了，被迫與手足競爭——他們得和年紀較長、較聰明健壯的長子女，或與更可愛、依賴性更強的么子女競爭，所以排行居中的孩子會試著模仿長子女或么子女，又掙扎著想創造出自己的獨特性格，在這之間搖擺不定。因此，他們在成年以後往往不太可能主動行事或獨立思考；通常是家裡學業成績最差的孩子，也是最難考上大學的孩子。

因爲沒有長子女的權利，也沒有么子女的特權，排行居中的孩子時常感到生活不公平。一個很好的例子能說明這種情況，有位亞馬遜（Amazon）網路書店的讀者（很明顯是排行居中的孩子），在書評裡對本書關於這方面的敘述有強烈的回應，並且只給了本書一顆星的評價，另外十四位寫了本書書評的讀者不是給四顆星，就是給五顆星。這麼看來，這位讀者很可能認爲書中對排行居中孩子的敘述「不公平」而產生此舉。

其他讀者則是反映書中對排行居中孩子的著墨不多，其實他們的特徵可以被歸於「長子女」和「么子女」部分，沒必要重複敘述。因此，最廣泛而普遍的敘述可加諸在排行居中的孩子身上。

排行居中的孩子既沒有長子女的權威，也沒有么子女的隨興。不過，他們學會適應與各式各樣的人交往。畢竟他們在家裡就要和個性非常不同的長子女與么子女和平相處，通常對每個人都很友善，也積極結交朋友。

排行居中的孩子很會談判，可以成爲外交官、祕書、理髮師、運動員和服務生，這些工作需要得宜的交際手腕，不需要太強的侵略性。因爲他們很渴望受到關注，有可能進入娛樂圈。

手足性別和年齡的分配，對排行居中孩子的人格發展最爲關鍵，有哥哥和妹妹的人，與有姊姊和弟弟的人，會擁有不同的人格特質。

如果所有孩子的性別皆相同，對於排行居中的孩子最不利，他們受到的關注最少，最需要和手足競爭。這樣的孩子不但混合了長子女和么子女的特質，而且兩者的比例幾乎相等，因此對自己感到最不確定，進而產生焦慮與自我批判。

如果排行居中孩子的手足全是異性，在家中可能得到最多的注意力，導致他們變得非常嬌生慣養，可能結不了婚。因爲他們不可能在婚姻中複製原生家庭的環境背景；這種孩子也很難與同性同儕當朋友。

案例

蘿莎莉．威斯遜在五姊妹中排行老三，兩位姊姊很親近，兩位妹妹的關係也很好，而蘿莎莉則覺得和她們誰都不親。成年以後，蘿莎莉和其他四位姊妹都不一樣，她特意搬離家鄉，這樣就不會再被稱為「威斯遜家的女兒」

了。在選擇搬家地點時，她翻電話簿查看心中理想的幾個城市，最後選擇了電話簿裡沒有「威斯遜」這個名字的城市做為目的地，這就是蘿莎莉努力創建獨立人格身分的一種表現。

★★★

另一位同為五姊妹中排行老三的女孩則是發展了「中心姊妹」（the hub sister）的身分，讓其他幾位姊妹「繞著她轉」，藉此為自己開創可行的手足地位。年輕時，她協調排解姊妹之間的積怨，讓大家克服彼此的差異，進而更和平友善地相處；隨著時間過去，姊妹們搬到不同的地方居住，也是她讓所有姊妹保持聯絡，並且總是贊助安排「姊妹聚會」，讓大家可以搭船旅遊或在渡假村共度週末。

兄弟姊妹的差異愈大，就愈難適切形容排行居中孩子的人格特徵。舉例來說，一位有哥哥和妹妹的次女，會有混合「有哥哥的么女」和「有妹妹的長姊」的性格特徵，而且取決於手足的相對年齡，這位次女更有可能偏向上述兩者的其中一方，但我們還是很難下定論。如果排行居中的孩子既有兄姊，也有弟妹，那麼他們可能超出了出生順序特徵所涵蓋的普遍範圍，會擁有極為獨特的人格特質。

4 獨生子女

沒有兄弟姊妹的獨生子女既有好處也有壞處，他們永遠都是家裡的長子女，同時也是么子女，因此他們可能會擁有許多長子女的人格特質，在許多方面卻又保持著幼稚的態度直到成年。

與其他兄弟姊妹的出生排序相比，獨生子女會具有同性父母在手足間排行的人格特質，舉例來說，如果母親是有兄長的么女，她生下的獨生女就會更輕浮、喜歡打情罵俏；如果母親是有妹妹的長女，生下的獨生女就比較不會出現上述的特質。事實上，獨生子女的個性可能會與同性父母非常相似（兒子像父親、女兒像母親），他們一直到面臨壓力或困難時，身爲獨生子女專有的人格特質才會顯現出來。

獨生子女從來沒有被弟妹取代的經驗，跟長子女比起來往往更自在、更能自我肯定，對別人的控制欲也沒有那麼強。他們比較不憎恨權威，在需要幫助時會希望有人幫忙，也很樂於接受別人的協助。獨生子女通常對生活的要求很高，因爲父母往往對獨生子女的期許很高，這一點就跟長子女一樣。獨生子女通常在學校和往後的工作表現都是出類拔萃，他們甚至是完美主義者，只要有一件事情不成功，就會非常難過、沮喪。事實上，獨生子女通常都很有成就，在所有出生排序的子女類型裡，獨生子女在學術能力測驗中都是獲得最高分的類型。

因爲獨生子女不習慣與其他孩子親密生活，等長大一點到結婚或與人同居時，他們也不太會應對和同儕的親密關係。獨生子女沒有經歷過與同輩在日常生活中分享人生的高低起伏，因此很難接受或了解他人正常的心情轉變。獨生子女不是每次都能理解眼前的對象爲什麼一下子對自己那麼生氣，不久後又能跟自己有說有笑。其實，獨生子女就是不習慣處理他人複雜的情緒，他們感到最舒服自在的時候就是獨處時，這一點還可能持續一輩子。這不是說獨生子女不喜歡與人相處，事實上，他們很渴望能打進某個團體並成爲其中的一分子，只不過他們更習慣與自己作伴。獨生子女缺乏實際和手足相處的經驗，就算有同齡的青梅竹馬也無法彌補這一點。

由於缺少和其他孩子一起玩耍的機會，獨生子女往往比較沒那麼愛玩樂，就算年紀還小，獨生子女也會表現得像個小大人。他們很早就像成人般談話，這讓他們擁有十分發達的語言技巧。可是成年以後，獨生子女經常是最不愛講話的人，他們不習慣同儕間你來我往的抬槓戲謔。雖然獨生子女需要花一點時間才能學會和別人輕鬆相處，不過大多數都能適應得很好。

對於一九五〇年代或更早以前出生的獨生子女來說，還有一項重要因素必須納入考量，就是：他們爲什麼會成爲獨生子女？因爲在一九六〇年代以前，夫妻只生一個孩子的情況極爲罕見，這通常是父母有問題的徵兆，不管是生理、情感或經濟上的問題，都有可能讓他們沒辦法多生孩子。當然現在的情況就不同了，因爲現代生活方式的改變，許多人選擇組織小家庭。不管是哪種情形，只要有其他問題讓一九五〇年代（含之前）的家庭無法生養更多孩子，那麼這些問題都可能對獨生子女造成重大影響。

在美國文化中，獨生子和獨生女的性格也有所差異，以下就要討論這些不同點。

1 獨生子

誠如前述，調查顯示多數父母都希望至少有一個兒子，因此獨生子比獨生女更受歡迎。在大部分的家庭裡，獨生子經常是父母的「寵兒」，他們習慣受到父母持續認同、鼓勵和理解，也認爲世界上所有人都應該用這一套方式對待及奉承他們。然而，當眞的有人讚賞他們時，獨生子又會將之視爲理所當然。其他人不能指望他會給予太多支持，因爲獨生子通常不會爲了任何人費心，除非是他自願或舉手之勞。但是，這並不是獨生子孤僻的原因，其他人也許會受到獨生子的吸引而靠近，可是他不會主動建立友誼，而且更樂於獨處。

以交往來說，獨生子可以隨時接受或離開任何女人，他眞的不適合跟同齡人建立關係，他很習慣有父母替他打點一切基本需求，同時又能在家裡當父母眼中的「小天才」，所以獨生子希望的伴侶通常是能讓他生活更輕鬆而不求過多回報的女人。

假使家中有其他孩子，獨生子就會變成長子，因此有時候最適合他的伴侶是有哥哥的次女，有弟弟的長女也能做到像母親一樣照顧他。獨生女和獨生子的配對通常會遇到最多困難，因爲兩人都不太會應付同儕間親密關係帶來的壓力和負擔，都不習慣和異性相處，兩人都希望對方能扮演父母的角色。如果獨生子眞的和獨生女結婚，他們通常會（很明智地）選擇不生孩子。

獨生子如果眞的有了孩子，妻子通常要獨力承擔照顧孩子的責任，他很少會想參與生兒育女的過程

就跟長子一樣，獨生子經常能達到很高的成就，一般而言，他會希望工作環境能有效展示和炫耀他的成就，就像在家裡父母會炫耀他的成就那樣。

2 獨生女

獨生女經常有一種潛意識，認爲自己是個特別的人——她把自己當成高高在

上的公主，如果其他人不是以對待「公主」的方式對待她的話，就會覺得很受傷。獨生女不是渴求認同就是渴望仰慕，尤其是來自她生命中男人的愛慕。除非別人像她一樣，不然獨生女很難理解他人。她同時既能表現出與年齡相符的成熟度，又能保持孩子氣。

獨生女經常受到父母的過度保護，導致她到成年還期待能從丈夫、朋友身上獲得相同的保護與關懷。獨生女選擇的丈夫（獨生女通常會堅持自己選擇對象）是靈活、隨和、溫和的男人，還要能應付她的倔強任性。年紀較長的男性通常最適合獨生女，在面對獨生女任性發嗔和考驗另一半愛情的時候，這樣的男人會覺得很有趣，並不會感到受威脅。就跟獨生子一樣，獨生女也不適合任何特定出生排序的配偶，最適合的伴侶人選是有妹妹的長子或有姊姊的么子（因爲獨生女在這種情況下就像長女），有姊姊的次子應該也能和獨生女合得來。

獨生女和獨生子的配對會遇到最多困難，因爲獨生子不會表現出對方想要的「崇拜」，獨生女也不會迎合獨生子的需求。如果兩人有共享的專業領域或休閒愛好，婚姻關係才有可能成功。這樣的配對也是最不可能選擇生孩子的組合。

如果獨生女有了孩子，丈夫可能就要承擔照顧孩子大部分的責任。如果丈夫是長子或有弟妹的次子，應該就應付得來。

獨生女的交友對象可能是有妹妹的長女，也可能是有姊姊的么女。獨生女在這一點與獨生子不同，她會更想要交朋友，即使不具備相關技巧，她仍會努力尋求親密友誼。

獨生女通常很聰明、才華洋溢，可是除非能找到理想的工作環境，不然這樣的才華就會白白浪費。適合她的工作環境應該要是令人愉快的場所，她可以在此獨自工作或替一位仁慈而年紀較長的男性工作。

5 雙胞胎

如果原生家庭中沒有其他孩子，雙胞胎就會表現得像是沒有年齡差異的手足，兩人都會具備長子女和么子女的一些人格特徵。不過，如果家長在家裡會強調雙胞胎中的一個比另一個早出生，尤其兩人出生時間相隔了幾個小時的話，先出生的那個就有可能扮演長子女的角色，並且把另一人當成弟/妹對待。所有雙胞胎都異常親密，而且如果兩人同性，經常會表現得像是同一個人。

如果家中有其他孩子，雙胞胎就會具備較多所處排序的人格特質。舉例來說，如果雙胞胎是上有姊姊的么弟，他們的表現就會與有姊姊的么子非常類似。

在所有的出生順序類型之中，雙胞胎在智力測驗中得分最低，這可能是因為他們對彼此影響最大，而且在一生中每個階段的知識水準都相同。相較於其他人，雙胞胎最不願意專注在向年紀較長的人學習，不管對象是哥哥姊姊、父母還是老師都一樣，雙胞胎太過於投入自己的小團體裡。

事實上，雙胞胎根本就不太在意其他手足或同學，他們甚至很難離開彼此而投入婚姻之中。即使是性別不同的雙胞胎也會難分難捨，儘管這樣的組合至少讓他們習慣了和異性同儕親密相處。同卵雙胞胎是最難分開的，因此他們經常會和另一對雙胞胎結婚。雙胞胎有時候可能分享朋友或愛人而不產生衝突，因為他們覺得兩人是「一體」。

問題

① 你的父母在原生家庭中的出生順序，如何影響了他們為人父母的方式？

② 在手足中的排序如何影響你的感情關係和工作方式？

③ 如果你有小孩，是否發現他們的差異可能來自性別和出生順序呢？

*作者註：欲了解出生順序理論的詳情，以及所有出生排位和性別的人格特質，請參見由羅朗德．理查森（Ronald W. Richardson）與羅伊思．理查森（Lois A. Richardson）合著的《你是老幾》（*Birth order & you*）。

Chapter 8

與原生家庭和解

如果擺脫不了家醜，不如善加利用。

——蕭伯納（George Bernard Shaw）

蘇曾經求助於心理治療師，治療師向她介紹了原生家庭和解，蘇因此改變了自己的生活，並改善了與家人的關係。蘇明白自己必須做這件事，就算是治療師也無法提供捷徑給她。治療師告訴蘇，與原生家庭和解的基本步驟（本章會介紹這些步驟），剩下的就由蘇自己完成。

在進行原生家庭和解的過程中，蘇也設定了個人目標，內容包含她要怎麼改變自己，以及怎麼應對來自原生家庭的壓力，同時仍保有自我。

本章會解釋蘇和其他人在進行原生家庭和解時所經歷的步驟，這就是本書的最終目的——引導並協助你與原生家庭和解，也是本書的重點。從這裡開始，就換你著手投入。

我們在人生中發展的反應模式（reactive patterns）已經根深柢固到幾乎成「自

然」，算是人性的一部分了。反應模式不容易改變或控制，此外，你對親疏發展的獨特立場，以及焦慮程度，也同樣根深柢固，這全是組成基本性格的部分。如果你認爲「我應該有辦法做得更好」或「因爲我太容易受影響，若要做原生家庭和解，我眞的無能爲力」，這些想法對你並沒有任何幫助。

用你自己的步調進行原生家庭和解，同時不要有過度期待並保持實際的態度。如果能以輕鬆、緩慢、可調整的步調前進，就能到達你所期待的境界。反之，如果你期待很快就能看見極大的個人轉變，那麼一定會失望。

你必須看清這項「自我療程」的目標並專注其中。原生家庭和解的目的不在於改變他人，而是要改變自己。你做這件事既不是「爲了」家人，也不是要「改變」你的家庭。這套作法更不是什麼高端的心理工具，好讓你能說服家人、報復家人或算舊帳，也不是要你向家人炫耀或責備他們。

請記得，是你發展出自己的人格特質，你的家人提供了環境和他們自己的個人風格，他們只負責這兩件事，至於你要讓這些事如何影響你，就不是家人的責任了。你用自己獨有的方式應對家庭環境和家人的個人風格（如果你有兄弟姊妹，他們也是這麼做的），沒有人能塑造出今天的你。這一點的好處是，只有你能改變自己，不必依賴他人就能改變自己。你再也不用像小時候那樣，必須對家人所創建的環境或風格做反應。你可以獨立自主，當自己的主人。要做到這一點，你就必須對自己負責，同時不再怪罪別人。

在開始之前，請先把這一章全部讀過一遍，了解具體內容，然後才回到第一步著手進行；這個過程總共有七個步驟，每個步驟都至少有一項特定任務要完成，完成所有任務之後，才能進行下一個步驟。這七個步驟沒辦法快速完成，整個原生家庭和解計畫會需要花時間和下定決心，有些步驟可能得重複進行好幾次以檢視你的進展，並且讓家人適應你的改變。

第1步 畫出家族譜系

第一步就是要搞清楚你的家庭成員到底有哪些人，這不一定為人所知或容易弄清楚。如果有一位成員與家人斷絕關係，或搬家之後就不再與其他家人聯絡，那麼家族裡就有一部分資料會遺失。弄清楚這些家庭成員切斷聯繫或搬離家人等舉動背後的原因，是非常關鍵的。就算你從來不認識或甚至沒見過他們，他們都對家人造成了影響，而這些家人又影響了你。舉例來說，酗酒的祖父可能是使父親滴酒不沾的原因，這一點又影響了你對喝酒的態度。

儘管你見不到這些失聯的家庭成員，他們仍然存在於你的家庭關係機制中，並影響著家庭的動態與平衡。

案例

納西姆從八、九歲開始就很難與父親和諧相處，這個情況一直持續到青春期。納西姆感興趣的事，與父親認為他該做的事並不相符。父親覺得青少年就應該對運動、汽車那些陽剛的事物有興趣，而納西姆喜歡做的事在父親看來都很女性化，因此父親對納西姆極為苛刻，納西姆也為此所苦。納西姆試著去做父親想要他做的事，可是從來都不覺得自己真的做得到，他對這些事不太感興趣。

納西姆在二十五歲時，告訴父母他是同性戀者，父親非常憤怒並拒絕與他往來。後來，納西姆進行了原生家庭和解，他發現自己有一位素未謀面的叔叔，也是同性戀者，納西姆的父親非常厭惡這個弟弟。納西姆這才更了解父親對他會有這般感受的來源與背景。

首先你要了解家族中到底有哪些人，最好的辦法就是畫一份家系圖（**genogram**）；我們在前面的章節也使用過家系圖（見p.133），用圖形來呈現家庭成員的組合。如果想知道家庭裡的成員以及成員關係的歷史，參考家系圖的確是個好方法。

家系圖應該要包含所有家族成員的姓名與年紀，還有每個人的生卒年與結婚、分居或離婚的年份，圖中至少涵蓋三代，就是從你這一代回溯到雙親那一代

家系圖

基本圖形

——男性（長方形）、出生年

——女性（圓形）、出生年

——已逝男性，生、卒年

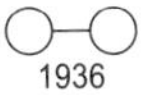

——雙胞胎女兒

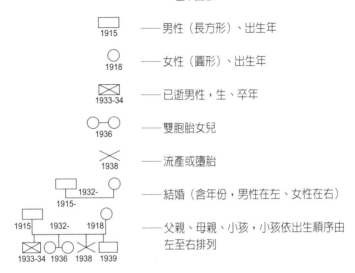

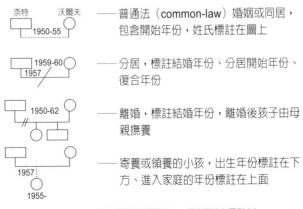

——流產或墮胎

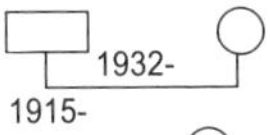

——結婚（含年份，男性在左、女性在右）

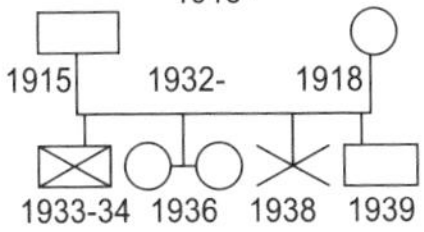

——父親、母親、小孩，小孩依出生順序由左至右排列

其他常見圖形

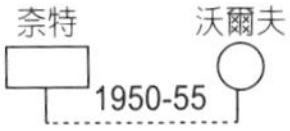

——普通法（common-law）婚姻或同居，包含開始年份，姓氏標註在圖上

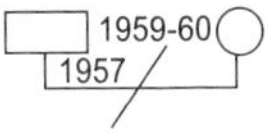

——分居，標註結婚年份、分居開始年份、復合年份

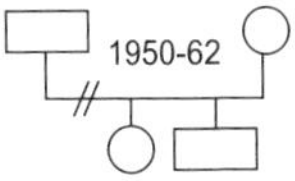

——離婚，標註結婚年份，離婚後孩子由母親撫養

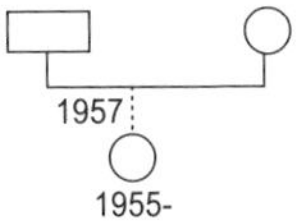

——寄養或領養的小孩，出生年份標註在下方、進入家庭的年份標註在上面

（姓氏標註在圖形上方、名字標註在圖形內）

與祖父母那一代。

接下來會以圖例介紹家系圖中常見的圖形與一家三代示意圖。

下一頁的家系圖，訴說了這三代的故事：吉姆．李出生於一九一五年，艾薇．西爾比吉姆晚三年出生，出生在一九一八年；艾薇在一九三三年嫁給吉姆，兩人一共有四個小孩，其中一個夭折——大兒子比爾只活到一歲就過世了，接著一對雙胞胎女兒在一九三六年出生，艾薇在一九三八年流產，之後在一九三九年生下戴夫。吉姆和艾薇的婚姻終止於艾薇去世那一年，艾薇死於一九七九年。

一九三五年出生的傑瑞．亞伯特在一九五四年娶了蘇．李，兩人在一九五七年領養了比爾，比爾出生於一九五五年。在領養比爾兩年之後，迪克就出生了，迪克在二十一歲的時候（一九八〇年）開始與蓋兒．侯普同居，蓋兒比迪克大兩歲。

安．李在一九六〇年嫁給了約翰．史帝芬斯，約翰出生於一九三〇年，結婚五年後，他們生下了唯一的孩子羅伊斯。

戴夫．李在一九六二年娶了梅．史都華，梅出生於一九三九年，這段婚姻在三年後以離婚收場，兩人的獨子哈普與母親同住。戴夫在離婚一年後娶了吉兒．

三代家系圖

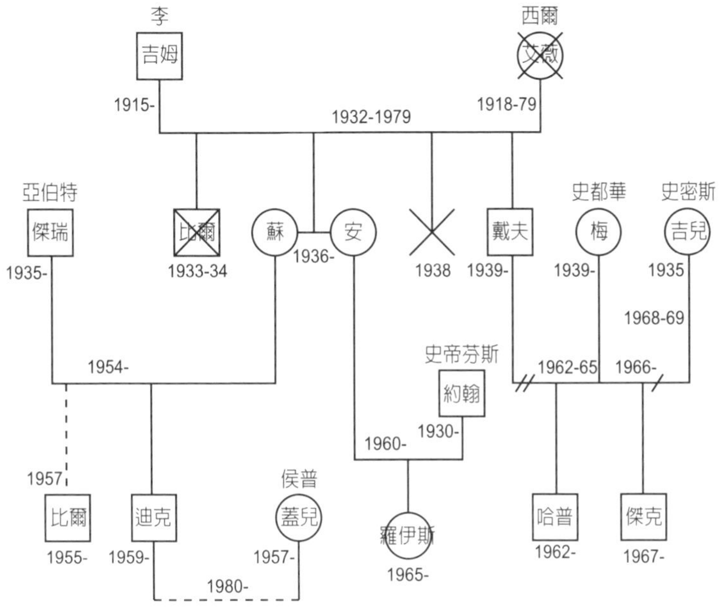
李
吉姆
1915-
西爾
艾薇
1918-79
1932-1979
亞伯特
傑瑞
1935-
比爾
1933-34
蘇
安
1936-
1938
戴夫
1939-
史都華
梅
1939-
史密斯
吉兒
1935
1968-69
1954-
史帝芬斯
約翰
1930-
1960-
1962-65
1966-
1957
比爾
1955-
迪克
1959-
侯普
蓋兒
1957-
1980-
羅伊斯
1965-
哈普
1962-
傑克
1967-

史密斯，吉兒比戴夫大四歲，兩人生下一子傑克，戴夫和吉兒在傑克出生一年後曾短暫分居。在父母分居期間，傑克和戴夫同住。

誠如你所見，家系圖直接呈現許多資訊，許多人都說，一畫完三代家系圖，對自己的家庭就有了全新的概念。他們第一次完整看清楚家人，並注意到以前沒發現的關係和模式。

試試看以下的練習，這能讓你更清楚了解你在原生家庭中的位置。

畫出你的家系圖

畫出你的三代（或以上）家系圖，把你知道的人、名字和年份盡可能加進圖裡，就算無法涵蓋所有人也沒關係。

先在一張小一點的紙上試畫幾次，這會讓之後正式畫起來更順手。正式畫家系圖的時候，請使用大張白報紙或牛皮紙繪製，有些人甚至還會使用更大張的紙。建議你可以用不同顏色區分世代和血統，也可以自由選用任何方式畫出家系圖，只要能幫助你更清楚了解自己的家庭就好。

如果有知心好友（非家人）願意傾聽，你可以把家系圖拿給他們看，並把你所知道的一切告訴他們，包括你對每位家庭成員的了解和成員之間關係的特點，並鼓勵朋友向你提問有關家人的事。

第2步 聯絡家庭成員

畫好家系圖之後，請影印後寄給或拿給其他家庭成員，問問大家，就他們所知，你畫得正不正確，看看他們能不能補上你遺漏的人、名字或年份。這麼做通常對原生家庭和解是非常好的開端，有助於你準備好之後拜訪家人，並和他們更深入討論。

寄送家系圖副本的時候，你可以加註：「我想更了解自己，所以請把你所知道的一切家人資訊告訴我，這對我會非常有幫助。」（或類似的話）。自從《根》（*Roots*）這本書出版，繼而被改編成電視電影之後，大家對這種作法都很熟悉，也能理解，家族樹狀圖因此流行了起來。

有些人不太想向親戚詢問家族資料，因爲怕親戚會有負面回應，但實證顯示這種情況很少見。如果你對親戚表明這麼做能幫到你，而且你也很感激他們，大家通常會熱心分享他們所知的資訊，甚至可能對此感到興奮不已，繼而投入大量精力去了解其他家人。

案例

諾亞的父母在他還不滿一歲的時候就離異了，他由母親一手撫養長大。在人生的前三十五年，諾亞從來沒有和母親談論過父親，也沒問過她關於父親的任何問題。母親也一樣，她從來沒有主動告知諾亞任何有關父親的消息。諾亞認為這是因為母親對於談論父親感到不自在，所以他也絕口不提。諾亞想出很多理論可以解釋母親對這件事不自在的原因，而且他有很長一段時間相信自己是私生子。

等到諾亞開始進行原生家庭和解時，他寫信給母親並終於要求母親跟他談談父親，以及他們之間發生的事。諾亞一開始很擔心母親的反應，他覺得自己破壞了家裡的規矩，結果他收到母親的來信，那是一封長達三頁的信，母親在信裡告訴了諾亞整個始末；從信的開頭就能感受到母親如釋重負，因為她寫道：「呼！我還以為你這輩子都不會問了！」諾亞的母親很熱切，也很高興能討論諾亞父親的事，一直以來，她都認定諾亞對於談論這件事會感到不自在！於是，諾亞得知了許多從前不知道的事，其中包括父母在他出生前曾經有過五年的婚姻。

大家在開始進行原生家庭和解的時候，往往都認爲自己附上家系圖的信件，會讓家人起疑或置之不理，然而家人的反應一次又一次讓他們大吃一驚。他們收到的是家人興奮又熱切的回應。大家通常對自己的家庭很感興趣，也樂於分享自己在家中的經歷，如果他們知道自己不會受到抨擊，而且說的話還能幫助某個人，他們就會熱烈回應。其實很多人都願意分享，只是等著有人提出要求而已。

你寫的信和家系圖副本，應該寄給家族的每一位成員，其中一定要包括你的兄弟姊妹。你可能會以為他們知道的你都曉得，千萬不要這樣想，手足出生時的家庭情況和你出生時的家庭情況有所不同，你們生長在家庭發展的不同階段中。每位家庭成員都有不同的家庭經驗，對共同經歷的看法也不盡相同。

有些人會因為父母已經去世，覺得自己沒辦法進行原生家庭和解，其實還是有可能找到父母年輕時認識的人，甚至這些人可能跟你的父母很親近。你應該能找到認識你家人的世交、鄰居、牧師或神父、保姆、管家、同事，和其他能跟你分享父母資訊的人。

案例

多娜的母親已經去世了，有人問多娜，母親在生前遇到問題時會向誰傾訴，多娜記得母親有一位知己，便聯絡了母親的這位朋友，又跟對方共度了一個週末，因此得知了許多有關母親的事情，這些事情都是其他人無法告訴她的。

★★★

另一位女性，雙親在她十二歲的時候去世了。她隱約記得父母過世之後，有人短暫照顧過她。她和這些人聯絡，結果發現這些人都是跟父母很親近的朋友，他們跟她分享了許多事。

在進行原生家庭和解時，還有一件重要的事情需要特別注意，不管什麼時候，當有人跟你說到另一個人的想法、感受、做過的事或基本動機（basic motivations），你都要把聽到的事當成「傳聞」就好，因爲這些內容可能是眞的，也有可能是憑空捏造。這樣的資訊一定都是經由傳述者的偏見和解讀過濾後，再吸收和分享出來的，所以遇到這樣的情況時，務必把這些資訊想成是「某人如是說」，而非「事實眞相即爲如此」。

此外，一定要聯絡那些所謂「瘋狂」（crazy）的家庭成員，不管他們是否進了精神病院；他們對於家庭生活和家族歷史還是能提供有用的觀點。

案例

波瑞斯家族裡有一位斷絕關係的成員，其他家庭成員都替她貼上「瘋癲」和「古怪」的標籤，他們還告訴波瑞斯：「不值得花時間跟她聊，她只會說廢話，離她遠一點。」但波瑞斯還是聯絡了她，而且發現她的神智還滿清醒的，只是個性有點古怪。她對於家族歷史和相關問題的看法，與家中其他人大有出入（這是斷絕關係所導致的），她還幫他更清楚了解了家中一些令人不解的問題。

光是看名字、年份和歷史本身，並沒有什麼神奇的魔法，你的家庭也不見得就會因此有什麼改變，不過這個步驟有三點能夠幫助你。第一點，你會發現並釐清誰對你來說才是眞正的家人；第二點，如果有人或家庭事件對你和其他成員有影響，而你之前在這方面的資訊有斷層，這麼做會在不知不覺中幫你塡補這些訊息；第三點——同時也是最重要的一點——你會開始用更中立、不再那麼激烈的方式與其他家庭成員互動，這能帶來你與家人積極正面的互動，並且讓他們參與投入你進行原生家庭和解的過程。你是爲了尋求協助去找他們，你需要借助他們所知道的資訊，這通常會在他人心中營造溫暖而正面的感受，大家都喜歡被問及自己的經歷。

畫家系圖這個任務的目標在於：在你的大家庭，建立起裡面每個小家庭中每位成員的資料，試著找出誰過得好、誰過得不好，這在家庭成員彼此之間又產生什麼影響，以及這些家庭的關係特質。這部分的工作會持續好幾年，你要把重點放在直系三代親屬，不過隨著你對整個家族體系不斷地深入了解，這項工作也會持續擴大。以下的練習對你會有所幫助。

聯絡家庭成員

如上述建議寫信給家庭成員（並隨信附上家系圖），在信寄出之前，仔細重複讀過。更好的作法是請一位好友替你再讀過，以確保信中沒有暗藏的批評或攻擊，只有真誠、直接的請求，為的是尋求家人的協助。請參閱附錄一，見信的範例與問題。

你故意遺漏或避免寫信的家庭成員有誰？你對這個（些）人有什麼顧慮？你的顧忌有沒有可能是家庭三角關係模式的一部分呢？（例如：母親不喜歡嫂嫂，如果你聯絡了嫂嫂，母親就會生氣。）

第3步 創建家族史

年份和特定事件發生的時間很重要，所以下一步就是建立涵蓋三代的家族「編年史」（依事件發生先後排列）。使用檔案卡來分類最方便，因為出現新資訊的時候，你可以隨時增加卡片。檔案卡上應該要有確切的年份、事件，以及你認爲該事件對家庭系統（family system）造成的影響。

確定正確的年份也很重要，對於某起特定事件，每位家人會給出不同的年份，這就是家庭生活中的一項奇異之處。大家給的時間可能與實際年份差了五年甚至十年，從而掩蓋了其中重要的連結。一旦提及家族歷史的時候，時間似乎是非常主觀的經驗，不同的家庭成員會建立起自己和事件的關係，所以你一定要盡力釐清事件發生的確切年份。

重要而必須列出的年份與事件如下：出生、死亡、結婚、分居、離婚、重病與住院、領養、換工作、被資遣或離職、經濟情況改變、居住地變更、畢業、搬家、離鄉或返鄉。總而言之，家庭成員在數量、地點和狀態上的任何改變都很重要。誠如本書在第二章所指出的，這一類的每項改變都會影響家庭的生活品質。

除了家庭紀事的年份，你也可以在檔案卡上記下與家族史吻合的重大國際事件與地方事件。舉例來說，某位外祖父母的憂鬱症發作，可能恰巧與一九二九年華爾街股災的時間相同，或是某位叔伯的失蹤可能與第二次世界大戰爆發有關。

你也要弄清楚家人的職業和工作內容，例如：爺爺確切的工作是什麼？工作中包含什麼內容？他會因爲工作離家多久？他的工作對家人有什麼影響？對你父親又有什麼影響？

什麼樣的事件會導致一位或多位成員與家族切斷關係？家中不同成員對此的看法又是如何？大家絕口不提，或是當成從來不存在的人有誰？是什麼原因造成這種情形？所帶來的影響又是什麼？

創建家族編年史能協助你回答這些問題，上述的問題只是一些例子，這些問題可以幫助你釐清各事件對家庭的影響，同時讓你更清楚了解出生時家中的情況，以及你的到來對其他家人的影響。

▼創建你的家族史

使用檔案卡，依照時間順序把家中主要的歷史事件列出來，除了年份，也列出與家庭事件吻合的重要國際事件，註記任何特定事件對家庭的影響。

把做好的檔案卡拿給家人看，人數愈多愈好。針對不同事件，不同家庭成員所記得的年份也不一樣，你能解釋為什麼會有這樣的差異嗎？

不同的家庭成員又是怎麼樣看待重要事件對家庭的影響呢？

第4步 深入調查研究

從第四步開始，你必須統整所有資料，並試著釐清其中的意義。在這個階段除了收集數據，你也可以開始辨別家庭關係模式和建立有關家庭運作的假設，在進行第五步探訪家人的時候，你就可以驗證這些假設。

在目前這個階段，做好研究非常重要，專業研究員的形象就是你著手調查時的最佳典範。研究的特定結果對專業研究員不會有利害關係，他們公正無私、不帶成見，而且對所有資料來源和各種數據都很有興趣。研究員不但好奇心強，還會問許多問題。

你在進行這個階段的時候，要隨身帶著一本筆記本，方便記下你想詢問和探究的問題；只要是能讓你清楚建立起家庭情況和你在其中位置的事情，就全部寫下來。如果你視家庭為珍貴、有價值的資源，這麼做會對你有所助益，因為這就表示每位家庭成員都能幫忙，就算是你覺得不親的那些人也一樣；每個人都握有一些資訊，拼起來才能看出家庭的全貌。在你進行原生家庭和解時，每個人都能提供你一些東西或幫助你的方式。

也許你很難接受這樣的態度，尤其是對那些在你看來一無是處、糟糕透頂或能力不足的家庭成員，但是他們可能知道你沒發現的家庭資訊，還可能具備你沒有的技能。盡量避免去想他們的缺點，多考慮他們能為你帶來什麼。

辨認家庭模式一個不錯的著手點，就是探究家中主要的三角關係。首先，拿一份家系圖的影本，並使用一色或多色螢光筆連結主要三角關係的成員，或是畫出三角關係中各個角上群體之中的關係，這能讓你對家中的三角關係產生個人的直觀感受。

研究三角關係的下一個方法就比較系統化了：選一個人，然後把這個人和家裡其他人分別配對，試想這個人和家中其他成員的一對一關係是怎麼樣的。

請你自問下列的問題，以釐清配對兩人的關係。

●這兩人在相處時各自會表現出什麼樣子？（這一點經常難以想像，因此需要在拜訪家人的時候確認。）

●他們對彼此有多麼開誠布公？他們的焦慮感有多深？

●他們對待彼此有哪些自然而然的反應？

舉例來說，你可以探究母親跟外婆有多相似，以及反之亦然。接著，把母親和家中每位成員連結起來，看看她在哪些方面會有所不同（如果有的話）。例如：母親在什麼時比較焦慮，什麼時候比較不焦慮，還有她和每個人單獨相處時的實際行爲。

把家裡每個人都套進這個方法，重複以上的程序，然後再加入第三個人。例如：當父親在場時，母親和外婆的相處會有什麼改變？

●在你加入第三人之後會發生什麼變化？又有誰會有所改變？

●會有哪些新行為出現？

●在這三人之中，哪兩個人最親近？

- 他們怎麼處理親疏關係？
- 這個三角關係的行為對其他三角關係和家庭成員，有什麼影響？
- 這個三角關係在平靜而相安無事的時候，家裡會發生什麼事？當這個三角關係在動盪與極度焦慮的時候，家裡又會發生什麼事？

同時也要注意三角關係中的迫害者、受害者和拯救者的角色。

- 這些角色固定都由同一群人扮演嗎？還是在不同時間，每個人會轉換不同的角色呢？
- 有沒有哪一個人在每段關係裡總是扮演相同的角色？
- 哪些結盟一直維持不變？
- 是什麼讓這些三角關係持續運行？
- 是什麼經歷、情況或條件啓動了這些三角關係？

在這部分的研究過程中，試著特別專注在你出生以前的家庭關係：在你出生的時候，家裡是怎麼發展到當時的情況？

當然，其中大部分純粹是你的猜測，不過也有家庭成員先前就和你分享過的事情。這麼做有助於你認清之後在拜訪家人時需要著重的方面，把問題都記在你的筆記本裡。

接著，再把注意力轉向你的經驗——你在家中各種雙人和三角關係的體驗，把你自己套進和每位家庭成員一對一的關係中，感受一下你對這段關係的感覺是什麼，然後再加入第三個人（另一位家庭成員），使用上述問題檢視你們的關係產生什麼變化。

在三角關係裡，你處於局內位置的時候是怎麼樣的情況？你處於局外位置的時候又是怎麼樣的情況？

- 你想要更親近或更疏遠嗎？還是你想留在原本的位置？
- 什麼會讓你感到焦慮？比起來你更害怕哪種情形，失去自我或是不再能依賴這些人？
- 你在這些三角關係裡有過什麼樣的身體和情感的體驗？你怎麼解讀這些關係？

● 你所處的三角關係目前有什麼變化？你又是怎麼應對的？
● 在你的三角關係模式中有哪些既定程序？例如：甲和乙親近，而把丙排擠在外，然後乙又和丙親近，把甲排擠在外，接著丙又和甲親近，變成乙在局外；或是乙持續周旋在甲和丙之間；抑或是丙在的時候，甲和乙就疏遠，等到丙不在了，甲和乙就變得親近。
● 你發現的模式是怎麼樣的？
● 這些關係又是怎麼樣？在焦慮程度低和高的時候，這些關係分別又有什麼改變？

再拿一份家系圖的影本出來，畫出你認爲最重要的三角關係，這張圖和你先前（第一次）畫的又有什麼出入？

找出家中最重要的五個三角關係，並依重要程度排列，用一到五分標出重要性（一爲較不重要、五爲最重要），看看你能不能找出這些三角關係中彼此關聯的模式，或是一種關係如何觸發另一種關係。

接下來，看看你在第三步做好的家族編年史，選出其中的重大事件，看看你能不能確認這些事件對你的家庭系統有什麼影響。當家庭人口增加或減少時，三角關係系統發生了什麼樣的改變？

舉例來說，死亡經常會在家庭中造成漣漪效應（ripple effect，有時可能是波浪效應），家庭體系中一位舉足輕重的人物去世時，就會催生出一系列全新的人際關係，同時創造新的三角模式。例如，有些研究顯示，最終患上精神分裂症的孩子，經常是在家中一位重要的祖父母逝世後一、兩年出生的，這些孩子的誕生具有特殊含意，象徵了死亡的意義。

依賴性強的家庭成員在面對死亡的時候，另一種常見的反應是：「這麼重要的人走了，我以後該怎麼辦啊？」在這種情況下，他／她通常會找到另一個人來充當亡者的替代者，或至少會試圖這麼做。

案例

亞歷珊卓的父親去世了，可是她不能輕易表露悲傷，因為她擔心母親；母親一直非常依賴父親，現在轉而想依賴她。亞歷珊卓沒有任自己專注在失去父親的感受上，反而在他死後的那一週，花了大部分時間疏遠母親與其他家庭成員，使彼此之間的關係冷卻。亞歷珊卓認為這麼做，家人就不會想要用她來取代父親了。

亞歷珊卓的弟弟也有同樣的恐懼，他試圖指派亞歷珊卓去照顧母親，還說她是最適當的人選。亞歷珊卓因為這樣的壓力而對弟弟感到十分憤怒，同時又覺得自己的作法好像很自私，因而感到內疚。

其他家庭則會在有親人逝世時，因遺囑和金錢產生新的三角關係。這些舊時未解決的問題再度浮上檯面，所以在親人去世期間，與家人斷絕關係的作法並不少見，這是試圖逃脫新三角關係的一種方式。

回顧你做的年表，想想這些影響家庭的事件，對此你能發展出哪些理論？等到你開始拜訪家人的時候，就能確認理論是否正確。你可能會因此得知更多訊息，所以理論也有可能改變，但是發展理論能讓你專注在所需的資訊，也有助於收集資料。

同時再回顧三角關係中的三種角色、手足排序，和因此產生的人格特質、家規、功能過度與功能不足等概念。像是在上述的案例中，當父親或母親其中有一位是高功能過度者，下一代至少就有一個小孩會是高功能不足者；等到這個孩子成年並爲人父母的時候，他/她至少會有一個孩子是功能過度者。有時候，功能過度與功能不足的關係僅限於夫妻之間，孩子不會受其影響，但一般而言，功能過度的父母會培養出功能不足的孩子，這些孩子的下一代往往又是功能過度者，以此類推。混雜在其中的是四種反應模式：順從、叛逆、攻擊、斷離（見p.68），試著判別家中各個成員會用以上哪種方式應對個人依賴性與分化不足。

你可以開始想想你的態度和行爲轉變會對家人帶來哪些影響，以及他們的應對方式。

案例

達琳從小一直表現出功能過度，以應對功能不足的母親。結婚生子之後，達琳持續當家裡的「傭人」並滿足孩子的各種需求，於是孩子成為功能不足者。在進行原生家庭和解的過程中，達琳預測自己如果不再當家中的功能過度者，對丈夫和孩子會是很大的衝擊，她也預見了自己不只需要找出應對家人反應的方式，還得處理自己因家人反應所產生的焦慮感。

研究

在你思考上述列出的每一項問題時，身邊放一本專門用來記錄問題的筆記本，並寫下你想要問特定家人的問題。

和一位態度客觀的朋友討論你找到的資料、你的假設和問題，請他/她幫忙一起想想還有什麼可以問或需要問的問題。

第5步 探訪家人

在這一步，你要做的事情有：回到原生家庭收集資訊、提問（在前幾個步驟中想到的問題）、觀察家裡運行的方式，以及更進一步了解自己在家中的角色。如果沒有適當的事前準備，那麼回家也沒有意義。假如你跳過前面幾個步驟，直接進行這一步，所付出的努力可能會讓你備感挫折。這類任務有一定的「規則」，你應該要盡量遵守，才能達到正面效果，進而朝著目標邁進。

第一點，拜訪親人之前讓他們先有心裡準備，你可以打電話或寫信告知，最好直接跟受訪者說明清楚。舉例來說，你可以分別寄一封信給父母，如果你之前從來沒有這麼做過，他們一定會很驚訝，可是這樣就能讓他們了解——你想和他們個別相處，並且建立起一對一的關係。

第二點，探訪時間不要太長，二到四天最爲理想，如果你停留超過這段時間，可能會重返以前的模式，對家人又變得有所反應，這樣就會失去你極力想保持的客觀態度了。不過，既然回家的時間很短，加上與家人面對面交談又是這個步驟中不可或缺的一部分，所以一年探訪三到六次會是明智的作法。當然，這還是取決於你和家人住得有多遠，以及其他相關條件。家庭出現困難（有人生病、死去、離婚等）或有慶典（婚禮、受洗、週年紀念日、聖誕節）時，都是適合回家的時機，這些時候，家人的關係比較有彈性或變得不穩定，家人之間也會更開放、坦率。

第三點，在拜訪家人的時候，盡量不要帶你的伴侶。你可能希望對方陪你，在身邊幫忙或支持你，可是對於你的家庭和你的地位，他們也有自己的看法與反應，這常常會讓伴侶成爲你的家庭中某個三角關係的一部分。這不是說伴侶不能參與正常的家庭聚會，可是他們不應該參與你進行原生家庭和解的過程。如果你的伴侶要陪你拜訪家人，就要事先說好他/她絕不會在過程中干預、評論或幫忙。也不要爲了拿另一半當成你自己行爲的藉口而把他們拉進來，例如：一名男子告訴父母，妻子不想在聖誕節的時候去拜訪他們，她偏好留在家裡；這件事是眞的，可是男子利用了妻子的喜好，隱瞞自己不願意回家和雙親過聖誕節的事實，這種作法基本上就會讓妻子和夫家的家人產生矛盾與不快。

第四點，試著造訪你成長的小鎮或城市，如果父母已經不住在當地，你可以想辦法安排跟他們其中一位同遊舊地（家鄉），再去看看以前住過的房子或對你們有重要意義的地方，這會喚起很多你們可以分享的回憶和資訊。如果你父／母出生在另一個地方，你們也可以去那裡看看，不過這件事要分別和父親、母親單獨進行。

在返家拜訪之前，一定要想清楚你想要什麼：你確切想問的問題、最好弄清楚哪件事情等，還要試想在取得資訊的過程中，可能會出現什麼樣的問題，並事先制定策略以應對這些問題。

你有所求這項元素會讓返家之旅有所不同，因爲從前你例行性回家都只是爲了露個臉而已。大家通常都會發現爲了原生家庭和解而回家，後來變成十分愉快的經驗，也很常因此對家庭產生更溫暖的感受。

在這趟返家收集資訊的過程中，你該做的一件事就是確認已知資訊的準確度，以及你之前對家庭系統和自身角色的假設是否正確。你會發現關於家庭成員和家人關係的新資訊，應該會影響你原先對家庭的理論。

舉例而言，在你詢問母親和外婆或阿姨的關係時，可能會得知其他訊息，這些資訊有助於你用不同角度理解母親對待你的態度及行爲。

返家之旅最基本的規則，就是絕對不要因爲家庭成員說的話或分享的資訊，而挑戰或譴責他們。你要盡量記得他們對家庭生活的看法跟你有所不同，誠如本書先前提過的，你需要保有研究人員客觀的態度，而你所感興趣的是探索家庭成員的觀點。就算你認爲有人故意說謊也一樣，不要質疑或直接駁斥。不管出於什麼原因，這個人可能覺得對某件事有說謊的必要，他／她說謊的動機比謊言本身更有趣也更重要。

與其跟對方爭論，你可以用類似下列的話語回應：「你會這樣想還眞有趣，因爲我（或另一位家人）的說法或看法是那樣，你怎麼解釋我們認知上的差異呢？」不過，要注意你的語氣，因爲就連這種措辭都有可能傷到家人。如果對方感受到你的語氣中帶有指責意味，他／她可能就不願開口或懷有戒心，你就失去了家庭資訊的一方來源。如果你的語氣反映出眞心誠意，你只是很有興趣想知道對方怎麼看待差異，就有可能獲取非常有趣的資訊。

在研究的同時，還有一些需要記得的事情，以及需要提問並討論的問題，列舉如下：

(1)只要有時間就盡量提問，問題愈多愈好，每次得到答案就再想出更多問題來問，你的問題應該永無止境、怎樣都問不完。記得，研究員隨時都準備好要得知更多資訊。

(2) 不要有情緒化反應、變得防禦心太強、攻擊家人或在任何方面脫離研究者的角色。這一點非常重要，只要你持續思考問題，並展現出你對其他看法的興趣，就是正確的作法。如果你已經沒有問題，就表示你被困在自己的反應裡，而且想要挑戰或評估對方，或是表達你的個人觀點。當有這種情況發生時，你可以轉換話題或當下先暫停討論。

(3) 確保你問的是「眞」問題，所謂「眞」問題就是爲獲得資訊所問的問題；「現在幾點？」就是爲了獲取資訊的「眞」問題。「你不覺得我們現在該走了嗎？」就不是「眞」問題，其中掩藏的意思是：「我覺得是時候該走了。」不要問這一類具有引導性的問題，因爲這是試圖要把對方導向你的觀點。優秀的研究員會眞心對別人的想法和看法感興趣，而不需要藉由別人確定個人觀點。在前幾年探訪家人的過程中，最困難的應該就是提出「眞」問題。

(4) 盡量避免問以「爲什麼」開頭的問題，這樣的問題常常會讓對方產生戒心，或導致對方找說法合理化自己的行爲，「爲什麼你會這樣想？」往往會讓人找理由替自己辯解。「你對那件事的看法是什麼?」能讓你獲得更直接、坦承的回答。

(5) 使用「驗證性」的問題，確認你的解讀是否正確。舉例來說，「所以你是說，你一直都覺得媽媽最喜歡我嗎?」這樣的問題就能確認對方的意思和你所想的是否吻合。「驗證性」問題也可以用「你的意思是……」開頭，你可以在自己得出的結論前面加上「你的意思是……」來反問，以藉此確認。如果姊姊跟你說：「我一直都覺得你是小壞蛋。」你可以問：「妳的意思是因為我故意纏著你和約會對象，所以我就是小壞蛋嗎?」她可能會說：「嗯，對啊，那也是一個原因，可是我不是那個意思，我覺得你好像一直都想讓我跟爸媽起衝突，而且還很常跟他們告狀。」如果你假設自己知道她口中所謂的「小壞蛋」是什麼意思，就不可能找出眞正困擾她的問題。

你是爲了自己而尋求資訊，這一點要一直銘記在心。家庭成員只是分享他們對原生家庭的看法和樣貌，以及他們在家中的體驗，藉此幫助你了解自己而已。你會發現自己能用全新而擴大的視野看待事情，甚至重新評估個人觀點。

誠如前述，你要個別拜訪每位家庭成員，這一點很重要。一家人圍坐在一起

「話當年」是很常有的事，這麼做很有趣，但在這種情況下，大家也會不斷地自我審視，所以敘舊過程中往往不如單獨對談那麼開誠布公。有時候，你很難把特定家人與其他人分開，像是父母。不過，你可以說想跟他們單獨相處，因爲你不是每次都想三人同行；例如，你可以用共進午餐、散步或兜風等理由，單獨邀每個人出去。

如果你很難做到一次只邀一位家庭成員，那麼這件事本身就是很有趣的訊息。你覺得是什麼原因讓這個舉動變得那麼困難？在你請求單獨見面的時候，對方怎麼看待這個舉動呢？當你在思考別人對這項邀約的看法時，對你又有什麼影響呢？

案例

米麗安和父親的相處一直都透過母親，從她有印象以來，從來沒有單獨和父親一起做過任何事，母親一定會在場，而且話說得最多的人也是母親。

在成長過程中，米麗安會聽到母親談論父親（「你爸說這樣、你爸說那樣」），可是父親很少跟她說話。米麗安最後終於鼓起勇氣（她也不知道自己為什麼會害怕），邀請父親單獨跟她外出用餐和看電影，母親從頭到尾都不會出現。父親欣然接受了，父女倆也因此展開新關係。

後來米麗安終於曉得自己害怕什麼：母親對此變得十分焦慮，她會想要知道發生的事情，以及「為什麼你們排擠我？」。米麗安發現母親在人際關係中很怕落單，這一點應該跟她的價值觀和個人價值有關。米麗安甚至還發現自己小時候就能感受到母親對此的焦慮感，就遵守著母親的這項情緒規則（emotional rule）：「妳和爸爸最好不要一起做什麼事而把我排擠在外，不然我會很難過。」

和一位特定家庭成員單獨相處的時候，記得避免說不在場者的閒話，說閒話會製造三角關係。雖然這樣的閒談無可避免，但你一定要試著把話題拉回來，以便探索這位家人對事情的看法和感受。不要花時間推測不在場者的動機和意圖。

如果這位家人一直談論別人的事，那麼你可以問：「這對你又有什麼影響呢？」「你覺得那是什麼意思？」「你對那件事的看法又是怎樣？」你關注的重點在於別人對事件所賦予的意義。很少有家庭成員會直接讓其他成員進入自己的內心世界，所以他們不會說：「你這樣說的時候，我覺得你的意思是……，所以我感到……，也因爲這樣我決定……，這就是我那麼做的原因。」這就是你現在試著要揭露的——你要知道家庭成員如何解讀他們的家庭生活（不只是了解他們對某件事的看法，這些你都知道了），以及他們在家中的經歷彼此間又有什麼關聯。

如果和你對談的人開始對談話內容感到不自在，一般法則是把話題轉向上幾代的親戚。舉例來說，如果你和母親正在聊你們倆的關係，而你開始感到她的不自在，那麼你可以轉而問她和外婆的關係。如果母親因爲這個話題不自在，那麼你可以改問你的外婆和外曾祖母的關係，問問外婆是怎麼向她描述這段關係，或是母親觀察到她們倆的關係是怎樣的，也許就能讓母親更自在地回到先前的話題，甚至還有可能讓母親開口談論你跟她的關係（目前這一代）。一般而言，如果遇到對談變得太困難，你必須準備好讓話題在幾代之間來回。和親戚談話時，最大的問題不一定是他們本身，而是你在過程中感受到的焦慮和不自在。

案例

奈德一直很少花時間與母親單獨相處，最後終於安排了和母親開車出遊一整天。奈德總認為母親不太願意跟他說話，所以這次出遊應該會讓母親不自在。結果，他發現跟母親在車上相處一整天，自己才是焦慮的那個人，就算有很多想問的問題和想知道的事，他都沒提出來。最後，相處時間只剩下大約一個小時，母親對奈德說：「我還以為你有事想跟我談。」在那個小時，他和母親進行了有史以來最棒的對話，不過奈德也錯過了好好利用這次探訪的機會。

★★★

凱莉從以前就一直避免和母親談論兩人的事，因為她覺得母親會哭，而在女兒面前哭會讓母親感到難堪。凱莉一直以為母親覺得在她面前掉淚很尷尬。不過凱莉還是積極和母親討論了這些話題，母親也的確哭了。這時，凱莉發現，自己才是那個對母親流淚感到不自在的人，也是一直以來逃避話題的人。

在你和不同家庭成員見面的時候，試著理解你之前對他們的看法，釐清看法中有哪些源自與親戚的直接接觸、哪些又是來自別人對你說的話。我們對親戚的印象，通常在還沒見到他們本人之前就成形了，因爲其他家庭成員會灌輸他們個人的偏見和刻板印象，而且談論時經常把人分成「聖人」（好人）和「罪人」（壞人）兩類。舉例來說，如果母親相信舅舅是酒鬼，也一直這樣跟你說，這會怎麼影響你對舅舅的看法呢？這又如何影響你面對舅舅、和舅舅相處的情況呢？

最後，在探訪的過程中，你應該觀察自己，還有你在家庭系統裡習慣的表現方式。在每次拜訪家人的過程中和結束之後，確認你對原生家庭假設的準確度，如有需要改正的地方，也請適時修正。

第6步 忠於自我，成功分化

結束研究並弄清楚你在原生家庭的角色之後，你就準備好要確認怎麼改變你的作用了。你想改變的事可能有好幾件，可按照重要性或困難度依序排列。從簡單一點的改變下手，不要一開始就冒著嚴重失敗的風險，否則會加深你原本就有的負面情緒和無力感。

記得專注於改變自己，以及改變過程中該如何應對家人的反應。如果你的目標包含了改變他人（無論在哪方面），一定會受挫。你絕對要認定，家人現在是這樣，以後也會是這樣，雖然這一點很有可能並非如此。如果你成功改變了自己在家中的角色，那麼家人很可能會有所改變。只要你忠於自我、與家人保持親近，在改變自我的時候不受他們影響，他們也有可能接受你的新行爲舉止，你和所有家人的關係也會不同。

這就表示你的目標不該是家人之間更親近、更溫暖，或諸如此類的期望，雖然我們常會希望家庭是這樣的。探訪家人的結果可能會讓你們更親近或家庭更溫暖，但是如果你以此爲目標，就不會實現了。

想要成爲分化程度高、情感成熟的人，必須從「我」的觀點出發，而不是以「你」或「我們」的角度思考。具備「我」的個人觀點，就代表你可以做到：

- 確認和清楚說明你的信念、立場和堅持理念，不需要攻擊他人。
- 清楚辨別想法和感受。
- 接受你和他人的不同，並處理自己因這些不同點所產生的焦慮感。
- 完全接受自己的信念、立場與感受，不要求別人解釋他們的行為。
- 與他人保持親密關係，同時對自己坦率，能夠坦承說出你的想法。
- 依照你認為合理的方式和期許經營人際關係，不要順從他人在這方面的規矩。

- 追求自己的目標，不追求改善關係的目標。
- 明確地「確認」他人的意思，並確定他們的希望和意圖。
- 在適當時機，協商彼此對差異的解決方式，在過程中要考慮到你的目標和他人的考量。
- 與重要的人親近時要保持自我意識，疏遠時要能獨立自主。
- 坦承接受自己犯錯所造成的責任。
- 清楚表達自己的感受。
- 欣賞並享受自己與他人的不同。
- 拒絕把家人看作聖人或罪人，不要有「非好即壞」的概念。
- 不讓自己受他人威脅、霸凌、操弄，而為他人扛起責任，或用上述作法讓他人為你負責。
- 適切平衡嚴肅感與幽默感，避免冷嘲熱諷。
- 找出方法應對自己的焦慮。
- 不因應對人際關係的壓力而產生身體不適症狀，也不受他人的身體症狀操控。
- 在他人做你不喜歡的事情時，不會因為無助而情緒滿溢，專注在你有什麼選擇。

- 不把他人視為你自身問題的原因，為你個人的難過、痛苦和需求等承擔責任。
- 不要求他人應該或不該做什麼，或是干涉他人的感受、行為、想法等來讓自己開心。
- 拒絕和其他家庭成員結盟，不管結盟看起來多有助益。
- 與每一位重要的家庭成員都建立起坦承、公開且一對一的關係。
- 拒絕扮演迫害者、受害者、拯救者這三種角色。

能在原生家庭中做到上述這一切的時候，就表示你已經分化成功了，而且你會是世界上獨一無二的那一個！不過這些都是你需要努力才能達成的目標。

你在改變自己和重新定位的過程中，家中的情感機制會變得不穩定，其他人對你的改變可能會感到無所適從，十分焦慮。這時候，一位或多位家庭成員經常會表現出「三部反應」（three-part reaction）。最初家人通常會說「你錯了」、「你很糟糕」、「你很自私或不負責」這類的話，接著就是「如果你變回原本的樣子，我們就會重新接納你」，最後他們會說「如果你不改變，我們就施加嚴懲，後果不堪設想」。

他們會把你的「自我立場」視爲對他們的攻擊或批判，還會試著拉攏其他家庭成員或外界權威（如：「知識淵博」的朋友、書籍、醫生、治療師、上帝、牧師或神父）形成三角關係，藉此說服你做錯了。

他們用來威脅你的「後果」有時非常極端，可能是暴力相向、切斷金援、把你從遺囑中移除、從此再也不見你或拒絕跟你說話、收回對你的情感投入（像是說：「我再也不需要你了。」）、生病、拒絕快樂，或者鬱鬱寡歡、愁雲慘霧一輩子，「因爲你不愛我了」。他們會嘗試用各種手段讓你變回原樣，你應該揣測自己會有的反應以及可能受到的威脅，預料之外的情況愈少，你就愈有辦法好好應付。

如果希望你爲改變所做的努力奏效，那麼最重要的就是不能放棄。如果你變得防禦心重，開始替自己的行爲辯解，或用其他方式做出反應，同樣會使你的心力付諸流水。

基本上，你應該傳遞給家人的訊息是：「我了解這會讓你很難過，而且你不喜歡，可是我之後就是這樣，這樣對我來說才有意義。」這時，如果你做反應（逃跑也算一種反應）就只會延長他們攻擊你的時間。你需要堅持自己的立場，用冷靜、理性的方式理解他人的反應，同時保持與他們的親密關係和自己直率的態度。

案例

辛希雅非常依賴二十歲的兒子，一直以來都為了兒子而成為功能過度者。她會跟兒子併肩作戰、與自己的丈夫對立，在兒子遇到麻煩時，她也會想辦法解救。不過，辛希雅決定不再這麼做，她知道兒子會很生氣，她也怕這種情況發生，因為兒子可能會用切斷關係來威脅她。

果然，在辛希雅拒絕幫忙兒子的談話過程中，兒子對她大吼大叫。辛希雅保持冷靜，她諒解兒子的舉止，而且沒有逃跑（過去她常這麼做），堅定自己的立場。兒子離開時對辛希雅說，他再也不要見到她或跟她說話了，對他來說，辛希雅已經不是他母親了。辛希雅並沒有因此動搖。三天後，兒子打電話給辛希雅，並以全新的方式和更尊敬的語氣跟她說話。

如果你能夠保持這樣的立場，家人最終會接受這番改變，他們會重新調整自己，而且後續通常會有一定程度的寬慰與感激。你可能會聽到家庭成員說，他們事實上「根本沒有膽這麼做」，或是：「我很高興你這麼做了，其實我不太喜歡之前的情況，不過未來不要再製造更多像這類的麻煩了，好嗎？」

正如先前提過的，原生家庭和解的目標之一，就是能夠與每位家庭成員都建立起一對一的關係。這並不代表你得和每個人當朋友，而是要做到能夠和任何一位家庭成員談論任何話題，就算他們對你的立場表現出負面反應，你們還是能保持親近的關係。

在這個過程中，重要的是你不可以創造同盟和三角關係，也不要容許家人這麼做。和一位家人討論你想改變的主意，也算是兩人之間的祕密，這就會製造同盟。舉例來說，某位家庭成員可能會發現你正在做的事，想支持你或跟你聊聊，打探一點「消息」，這時候你就要說，你是為了自己做這件事，若要現在談論，對你並沒有幫助。

做到不在家中結盟或形成三角關係，就包含了不接受祕密。家人之間充滿了祕密，所謂的祕密就是只有幾個人知道的資訊，而這些祕密對家庭系統有著巨大的影響。誠如前例提過的納西姆（見p.201），他父親一直隱瞞弟弟是同性戀這件事，就是家庭祕密的一個例子。納西姆從小一直覺得父親的反應是針對他，從來不知道原來父親是對胞弟不滿，這就是祕密會對家庭造成的影響。祕密會留下空白和空缺，大家都會用自己的想像去塡補空白處發生的事。決定信守祕密的知情者，無法透露眞相，也就不能做出正常情況下會有的反應。對於重要議題的討論，會被忽視、避免，或是強行中斷對話。祕密知情者無力做出任何舉動。如果孩子變成父母任一方的「心腹」，家庭動態會變得格外難對付，因爲這會嚴重影響到孩子與另一位父母的關係。

我們會保守祕密，是因爲我們覺得自己在幫助別人。事實上，祕密會妨礙成長，而且經常造成嚴重的傷害和痛苦。不管在什麼時候，如果你答應保密，就是在讓家庭窒礙不前，只要祕密存在，家裡的情況就不會改變。

改變現狀、激發改變潛能的一個好方法，就是公開分享某人私下告訴你的事，尤其是家裡的某人對你訴說他／她對另一人的感受時，更應該開誠布公地說出來。這個人會對你說：「別跟他說是我說的，可是……」如果這時候你去找另一個人，用不帶感情的方式告訴他：「你知道她是怎麼跟我說你的嗎……」「我在想她為什麼不直接跟你說，反而跟我說呢？」這樣你就能證明某些事情。若要看出你受人際關係左右的程度，這是很好的測驗。

這樣一來，會產生的現象就是家中三角關係的數量可能會減少。短期內，被你告發祕密的那位家庭成員會生你的氣，可是長期看來，這位家庭成員和另一人的某些問題也可能因此解決，最後兩方都會對此心存感激。其他人知道你不會保密，就能自行決定用最保險的方式告訴你，再指望你會公開這些事，因為他們自己不敢這麼做。這就是為什麼那位所有家人都知道最不能保密的人，有時候也會得知家裡的一些祕密。

你一定要保有自己分享與否的自由，所以不一定要洩露所有的祕密。說與不說的決定，應該取決於你在改變上所做出的努力，以及這麼做是否有助於你改變。需要注意的是，如果是因為自己對洩密不自在、出於對某人的忠誠或想保護某人感受的欲望而願意保密，你就是在感情用事。這個決定會成為不健康家庭系統裡的一部分，你也會阻礙自己為了從這套系統中分化出來所做的努力。

與家庭成員一對一的關係很難實行，利用祕密有助於建立這樣的關係。

案例

莫瑞．包恩博士（Dr. Murray Bowen）在自傳性的敘述中談到他個人原生家庭和解的經驗，其中寫到他試著和弟弟建立更親密的關係。包恩每次回家探訪時，這個弟弟都會刻意避開。包恩為了想跟他獨處，試過很多方法，可是弟弟都婉拒了。最後，包恩決定利用家庭祕密。

他寫了一封信給弟弟，信裡只提到弟弟和弟弟家人的事，那是其他家庭成員告訴包恩的。包恩說他在那封信裡說到，他不曉得家人為什麼跟他訴說對弟弟的擔憂，而不直接告訴弟弟。這封信在包恩返家探視前一週寄出，等他到家時，弟弟很生氣，也很急切地想見他。弟弟問包恩，為什麼「要說出關於他的這些事情」。弟弟在表現憤怒的過程中，不自覺地揭露了家中一個重要的三角關係，而包恩之前對此並不知情，於是他們解開了過去的誤會。弟弟不再閃躲包恩，他們發展出更良好的關係。

第7步 再來一次

就算你遇到問題和挫折，也不要大驚小怪。原生家庭和解並不容易，如果你原先不太有耐心，那麼你會在進行原生家庭和解的過程中學會沉住氣，把失敗當成學習機會。你是不是遺漏了什麼？有哪一點沒有充分考慮到？你的假設裡有什麼缺失？你又是怎麼讓自己陷入其中的？

你要回到畫家系圖的第一步，並重新構思之前的假設：家中目前的情形怎麼樣？你得用什麼方式才能改變自己，同時忠於自己？針對最後一次訪視家人遇到的問題，詳細制定出解決策略，並且開發出有別於前一次的新對策，因為家人已經知道並猜透你之前的手法了。盡可能想清楚家人會有的反應，再好好想想要怎麼應對。

不要專注在別人的是非對錯上，只要持續努力釐清並堅持你的立場。你的目標一直都要與你自己相關——運用你認為合理、能讓你愉悅的方式行動與生活，同時又能自在地與他人相處。

原生家庭和解既不容易也快不得，需要大量耐心與專注投入。原生家庭和解理論的發明人，也和自己的家人進行這項療程，一共花了十二年的時間。而你的優勢在於不用一邊進行一邊發展出這套概念，還可以從他人的經驗中學習，所以不需要花那麼久的時間。

要有耐心，也要知道你一定會犯錯，試著別把錯誤當成失敗，這反而是學習的好機會。你花了很長的時間才變成今天這個樣子，不可能在一夜之間就改變。

不過，切記這之中沒有什麼新鮮事。自有家庭以來，大家一直在家庭裡進行這一類「和解」，那些勇於做自己的成熟大人，都經歷了類似的過程。他們努力解開心結、了解眞正的自己，並決定該爲什麼事情負責，儘管人人不同，他們都學會了接納自己與他人。

我們都辦得到，祝福你在個人的旅程中順利成功。

Chapter 9

作者個人的原生家庭和解歷程

在這一章，我將分享自己怎麼展開原生家庭和解及投入研究。

我在快四十歲的時候決定進行原生家庭和解，在下這個決定之前，已經斷斷續續做過十年的心理治療，治療結果並沒有爲我的人生和夫妻關係帶來太大的改變，因此我覺得要嘗試新方法；此外，我也不滿意自己提供給客人的療法。

我和太太羅伊思在一九七七年，從美國遷居到加拿大西部不列顛哥倫比亞省的溫哥華。不久，我讀到了莫瑞．包恩所著的《家族系統治療理論》（*Family Systems Theory and Therapy*），這本書根據包恩博士的理論方法寫成。此後，我在提供客人心理治療時只用包恩的理論，我也用這項理論改變了自己和人際關係，而原生家庭和解只不過是療程的一部分。

包恩的理論在幾個方面讓我印象深刻：

第一，非常尊重個人和他們在婚姻、生活與家庭中所遇到的困難，包恩不把家庭成員分成好人和壞人，或是用「有害」（toxic）這類字眼形容，我希望本書也很明確地呈現這一點，因爲這不只對我的個人生活很重要，對我的客戶來說，也是有助於成長的觀點。

第二，這項理論能夠全面應對人際關係，可以讓我們用更大的生活環境背景看待他人，尤其是在他們所屬的情緒系統（emotional system）中探討人與人的關係。我們就是在這套系統裡發展和學習如何在人際關係中表現，把自己放進範圍更大的情感系統背景中，不只能引發我們對此產生新理解，也提供我們在這些人際關係中改變的方式，這一點在本書裡應該也很明確。

第三，包恩理論中的包容性（inclusiveness）打動了我，這跟我身爲治療師有關，也適用於我稱爲「客戶」（clients）的人。我與客戶並沒有什麼不一樣，這一點很清楚，我們都有著相同本質的人性和類似的掙扎。包恩的理論沒有許多艱深的心理學術語，卻爲我指出合理的改變方式。

我個人在之前經歷過的所有治療裡，都談過不同的家庭成員（尤其是我母親），大致上來說，我認爲家人都不夠好，他們爲我做的不夠，也沒有幫助我成爲更健康的人。我看到的大部分都是他們的缺點，這也解釋了我自身的缺點。我的治療師都接受了我跟他們介紹的家庭情況，沒有人建議我跟不同的家庭成員坐下來好好聊聊、了解他們，或是學著以家人的生活背景和情緒系統（我們都身在其中）去看待自己。我想，治療師可能也恐懼或批判家人，就跟我一樣。所以，我在那些年裡從來沒有更了解家人，也沒有改變我跟他們的相處方式。

在接觸到包恩的家族系統理論之後，我開始持續一輩子的追尋——試著理解這個理論，並找出能把理論應用在自己生活中的方式。我不只藉此改變了家庭生活，也開始撰寫跟理論相關的文章，這本書就是在那樣的努力下首批產出的成果之一。不過在本書出版之後，我還另外寫了幾本書說明要怎麼把這項理論應用在生活的不同層面。

1 我的原生家庭狀況

我是獨子，母親是單親媽媽，我直到十一歲都跟母親住在密蘇里州的哥倫比亞（Columbia），之後我們就搬到加州好萊塢。我在那裡和母親一直同住到大學畢業，我在加州大學洛杉磯分校（UCLA）完成學業。

母親是三個孩子中的么妹，大姊大她六歲、二哥大她三歲，她母親（就是我外婆）在母親出生三個月之後就去世了，母親直到三歲都和哥哥姊姊住在爺爺奶奶家（就是我的曾祖父母），因爲我的外公覺得自己沒辦法撫養這三個孩子。外公在第一任妻子（外婆）去世三年後再娶，於是把孩子們接回家。母親擁有很多老么的特質，如同本書在第七章對出生順序所描述的老么人格特徵，而我也符合那一章提到的關於獨生子的許多特徵。

在我三歲到九歲之間，和母親斷斷續續在外公外婆家住——就是我母親的父親和他第二任妻子（母親的繼母）家。外公並不寵孫子，不是那種會想跟孫子一起做很多事的外公。例如：外公年輕時曾經是棒球員，可是我記得自己只跟他玩過一次投接球，基本上我們不會一起做任何事情。外婆比較關心我，但也跟我不親。她快要去世的時候，我們就住在他們家，她的床被移到客廳，我看著她慢慢死去，這個過程持續了幾週，當時我差不多八歲。

多年來，母親再婚過四次。她在我八個月大的時候，因爲父親出軌而離開了他，我從來沒見過父親。母親在和父親分手後，就到密蘇里大學（University of Missouri）工作，在副校長辦公室當打字員，這開啓了母親終身的職業道路——之後她一直從事執行秘書的工作。

在我兩歲的時候，母親結了第二次婚，這段婚姻只維持了六個月。很久以後，在我進行原生家庭和解時，我們談到這段婚姻，母親才說那時候她一直很擔心生計問題，而對方的經濟穩定，不過她並不愛他。母親會離開對方，是因為意識到自己無法為了金錢結婚。

母親的第三段婚姻在洛杉磯展開，當時我剛上高中，這段婚姻也只維持了六個月，後來也是母親離開對方。母親第四次結婚的時候，我已經念完大學、住在美國東部。這段婚姻一直維繫到她丈夫去世（約二十年），婚姻中出現過許多問題，但是他們只短暫分居過一次。

母親在每段婚姻之間都交過幾個男朋友，每次離婚後，她從來沒有要求過贍養費，也從未要求我生父付撫養費。

母親是很獨立的女人，只想要被丈夫疼愛的感覺，每當丈夫無法滿足她的渴望，她就會離開丈夫，繼續過自己的生活。母親既沒有依賴他們，也沒有試圖改變他們好讓自己更有安全感。我愈是了解母親，就愈敬佩她這樣的態度。不過，母親也承認自己不擅於挑選對象，跟她結婚的這四個男人都有嚴重的酗酒問題，她不曾為了這個原因離開他們。她自己也喝酒，但從來沒有喝到會影響生活或工作的地步。母親是個盡責的員工和家長，雖然有些現代父母可能會質疑後者。我會這麼說，是因為到後來有很明顯的理由。

我很幸運地長大成人，因爲我的成長環境很特殊——獨生子加上長期單身的母親，這樣的母子關係很強烈。如果母親試著把注意力全部放在我身上，藉此從我身上得到被愛的快樂，那我一定會比現在的情況更糟，還好她不是只把精力放在子女身上的那種家長。母親專注尋找會愛她的丈夫，這讓我能自由發展自己的生活，也不用爲了取悅母親而產生更強烈的融合。我們在共同生活中的融合程度已經足夠了，不需要把這件事弄得更複雜。在本章，我會把敘述重心放在我與母親進行原生家庭和解的過程。

我的家系圖

我也使用了本書前述的符號畫家系圖（參見第八章），下一頁就是我的原生家庭的簡化版家系圖。

我與母親在情感上疏離，這是我們應對兩人關係的方式。她對我沒有什麼要求，我對她的要求也不多。她眞的很少問我問題，母親每天下班回到家之後，我們不會坐下來聊天，她不會問我學校發生的事、我放學之後做的事、我跟誰玩、

羅納德．理查森的簡要家系圖

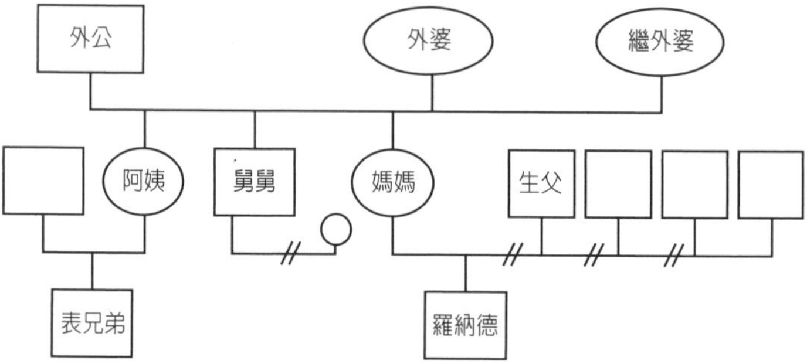

有哪些功課或是我生活裡發生的事，這些我們都不談。她也不會跟我說她當天經歷的事，而我也不問。當時，我覺得這樣的相處模式很好，等我去朋友家玩，才發現他們的父母會問個沒完。我很確定自己不喜歡那樣，母親信任我，她知道我不會惹麻煩，也指望我用腦行事。

母親教我要負責任，只要我做了傻事或犯錯，她就會指導我、糾正我。例如：有一次在玩，我拿磚頭時不小心砸到一個小女孩的腳，她痛得哇哇大叫，我卻逃走了。等母親下班回到家，小女孩的母親跟她說了這件事，母親馬上帶著我一起走到小女孩家，要我向她道歉。還有一次，那時候我長大一點，決定打工送報，可是這份工作太累了，我覺得很沮喪，沒有把報紙送完也沒考慮後果，就把所有報紙丟掉了。那天晚上，老闆打了許多通電話，母親得知了我的作爲。當時是冬天，還下著暴風雪，她向朋友借了車，跟我一起去把報紙撿回來，一家一家送完。事後，我還是被解雇了，可是我學到：自己要做的事，一定要好好做完。

從整體上說來，因爲我自己會判斷，所以母親有充分的理由指望我做正確的事，我不用表現出叛逆或掙扎。我們從來沒有對彼此發火或吵架，一次也沒有，要是有什麼事她不讓我做，我因此生氣、不開心而噘嘴表示不滿，她就會說：「回房間去，等你願意笑再出來。」然後這件事就告一段落，不管內容是什麼，我們都不會再提，我們從來不會把事情講開。

我上了高中之後，母親再也沒有跟我談過職業問題，就連學業也沒聊過。只要我考試及格，考幾分她都不在意。上大學跟研究所，都是我一個人爲自己做的決定，沒有與母親商量。她從來沒有把重心放在我的學業發展上，連一次也沒暗示過我應該怎麼過生活，母親認爲這些完全都是我的決定。她覺得我應該會在高中之後找份工作，所以在聽到我要繼續念書時非常驚訝。

我們這樣的相處模式一直持續到我進入中年，而且在我著手進行原生家庭和解之後才有所改變。我和羅伊思的婚姻關係，是刺激我展開和解的部分原因，因為除了羅依思之外，唯一和我建立起長期親密關係的女人就只有母親了。我一直試著用和母親相處的模式，經營我和羅伊思的關係，但事實很快就證明了這樣行不通。羅伊思也讓我知道自己對婚姻的期待不太正常，可是我並沒有其他典範可以參考。在青少年時期，我從來沒有眞正見過夫妻是怎樣經營感情的，甚至不記得外公外婆之間有什麼互動。後來才知道，外祖父母有非常疏遠的敵對關係。我早期的心理治療多半著重在改變對婚姻的態度，一直等到我開始進行原生家庭和解之後，才曉得這到底是怎麼一回事。

我與母親的情感距離並不是敵對的距離，我們只是看起來互不干涉對方的生活而已。我一直都知道她很愛我，可是因為她很少過問，我就自以為她對我的生活沒興趣，也就沒有表現出對她的關心。成年以後，我和母親各自住在美國的兩端，我會固定寄生日卡和聖誕卡給她，一年也會互通幾次電話。然而在這些年裡，我好幾次到洛杉磯參加研討會，都沒有讓她知道。

猜想我一定是私生子，母親才一直不願意談論父親。等我把信寄出，請她告訴我，父親和她之間發生的事，我還以為那會像是在洛杉磯空投原子彈一樣。如果母親打電話來說：「你怎麼敢問我這種問題？」我也完全不意外。

然而，我收到的是三頁的打字信紙，母親在信裡訴說了當年的情況。事情完全不像我想的那樣，一如「諾亞」例子中的敘述，原來這些年來，母親都在等著我提問，她自己有一條準則：「他想知道就會問。」母親不知道的是，我也有這麼一條個人準則：「如果她想讓我知道，就會告訴我。」我們共同生活的時候，一直都用這兩條準則與對方相處，沒人主動問或說太多。

在進行原生家庭和解的前兩年，我都在問母親問題，我對她（個人與在原生家庭裡）的生活和經歷感到好奇，所有的時間都花在這上面。我也問其他家庭成員，後來母親告訴我，她姊姊（就是我阿姨）跟她說：「朗（作者的小名）眞的問很多問題耶。」母親只回答：「沒錯。」她們對這件事的對話到這裡就結束了。這項簡單的任務——至少很多人都覺得簡單——對我來說很困難，可是我還是堅持下去，最後阿姨因為看見我的努力，也給了我回應。

隨著這項工作進展下去，家庭成員漸漸習慣我的提問，我對此也感到更自在。他們的回答當然很有趣，不過更重要的是，我們一起做這件事，也發展出更開放坦誠的新關係。在這段期間，我藉由問題和坦率的態度，持續讓他們知道我對哪方面感興趣，過了一陣子之後，他們也開始互相問問題，好奇地想知道彼此生活中沒分享過的事。母親與阿姨也建立起更坦誠、更親近的全新關係，一直持續到我母親去世。

母親和我對這樣的談話方式，一直有些不自在，所以我們都得抗拒自身的猶豫不決。然而，很明顯的是，這讓我們倆都更有安全感。在和解工作後半部期間的某一天，我們去溫哥華玩，母親同意跟我一起拍訪談影片。這是示範影帶，我想給家庭治療課程的學生看看要怎麼跟父母說話和提問。母親會答應做這件事，讓我覺得很驚訝。爲了準備拍攝，我寄了三十個問題給她，那是我在影片中訪問她的時候可能會問的問題。剛開始錄影的時候，我說：「我給了妳今天可能會問的問題，妳看了覺得怎麼樣？」她回答：「有點管太多。」我說：「我管這麼多可以嗎？」結果她說：「再看看吧。」

事實上，母親很坦誠，對我的問題有問必答，其中還包括一些私人問題，例如：「妳怎麼看待自己的四段婚姻？」她的回答大概是這樣的：「我在尋找的是父親從來沒給過我的愛。」在錄影訪談進行到某個階段時，母親哭了起來，我自然會擔心這些問題讓她難過、生氣，然而我只是很平靜地問她發生什麼事，她回答：「我好希望自己也能跟爸爸做原生家庭和解。」這句話對我來說就是肯定了我們一起做的事，而且母親非常感激能有這個機會讓我更了解她，並對我訴說她的人生故事，我也樂在其中。在她去世後，我才知道她對我們的原生家庭和解很自豪，還跟朋友說了這件事。

3 和解進展

在進行原生家庭和解的頭兩年，我把時間花在提問上。我問家人的問題，是有關他們自己、他們的生活以及和其他家庭成員的關係，但是我刻意不問任何關於我和他們的問題，也不去評論我們的關係。因爲不管什麼問題，或多或少都會暗示：「爲什麼你沒有愛我多一點？」這樣的訊息，可能會破壞了之前的努力。對方會變得有戒心，兩人之間的關係也會因此敵對。就算我本來要說的不是這個意思，但只要問到關於我倆關係的問題，對方也可能誤解。這不是我要的，我們試著用不同方式和彼此相處，做到這樣就夠了。我自己有某部分也還沒準備好要做更多，而且我也不想專注在彼此的關係上，而引發太大的焦慮感。在這兩年，我和家人發展出對待彼此的新舒適程度，這奠定了基礎，讓我們可以擁有更安全、尊重、更私人，也更坦誠的關係。

原生家庭和解的目標之一，就是要與每位家庭成員都發展出一對一的關係，這不是起點，而是目標。太多人在投入和解工作的時候，急著問自己和對方之間相關的問題，這些問題都以自我爲中心，所以他們經常得到帶有戒心的回應，兩人的討論也因此乍然終止或產生爭執。如果人們在人際關係裡覺得有安全感，就會慢慢地更放得開，對彼此也比較不會防衛。因此，安全感必須是首要重心，舉例來說，父母對成年子女的指責非常敏感，因爲那可能暗示了父母沒有盡到足夠的教養責任。如果雙方之間建立起安全感，要討論再敏感的話題都不是問題。如果兩個人能夠開放坦誠地訴說任何關於雙方關係的事，也願意放下戒心傾聽對方，才算成功建立起一對一關係。這並不代表一定要同意對方說的話，可是遇到意見相左時，兩人不會對彼此產生敵意或疏遠。唯有提升安全感程度、降低焦慮程度，兩人才可以進行更多的對話。

我在兩年後更進一步加強與家庭成員之間的關係，希望彼此都能更開誠布公，我讓母親更了解我，也更專注於我們的母子關係。我在一個關鍵時刻對母親說：「媽，妳知道嗎？我一直都知道妳很愛我，可是我一直都覺得妳對我的生活不感興趣。」這是我有史以來第一次把談話焦點這麼清楚地放在我們的關係上，也是我第一次告訴她，這些年來我對母子關係的感受。如果我在一開始就對母親說這種話，她應該會痛哭失聲，覺得我是在批評她，而她是受到孩子譴責的家長。然後，我會因爲讓她不開心而覺得有罪惡感，便開始退縮。我們的對話大概會到此爲止，不會再深入。

可是，我們現在對彼此更有安全感，她不覺得我是把她當成不盡責或不愛子女的母親，才對她窮追猛打或攻擊她。她聽了覺得有點震驚，又很好奇，她說：「我一直都很關心你，爲什麼你會覺得是這樣呢？」我回答：「大概是因爲妳從來不會主動問起我的生活吧？」她用手輕拍了一下額頭，然後說：「噢，我跟你說這是怎麼一回事。」接著，她就講起了她和繼母的關係。母親的哥哥和姊姊記得，他們的生母從來不接受繼母。生母一直沒有把繼母當成孩子們的家長看待，所以她們之間是充滿敵意而疏遠的關係。可是我母親和她繼母的互動比較多，她們反而比較像是親母女。

繼外婆給母親的感覺是占有欲很強，而且過度干涉她的生活。在母親的成長過程中，她的繼母總是會問她一大堆問題，像是：「妳去哪裡？和誰在一起？做了什麼事？」母親說她眞的很討厭這類問題，所以她告訴自己：「等我有了小孩，我絕對不會這樣對待他們。」而她也眞的做到了。她從來沒想到自己下定決心不干涉兒子的生活，和繼母從前過度干涉她的生活，兩者居然有類似的負面影響，母親還以爲這麼做是尊重我的個人空間。

母親的這番話（這項資訊）當然讓我完全改觀——我終於了解她爲什麼不問我問題了，多年來的心理治療原來都浪費在這根本的誤會上。聊完之後，我沒有把母親這樣的舉動當成是她不關心我，反而理解這對她來說有多困難：她既想要關心兒子的生活，又不希望像自己的繼母那樣刺探和過度干涉。這對我來說展現了更偉大的母愛，而我對母親的感受在當下幾乎立即有了改變。

母親一輩子都堅持這樣的立場，所以對她來說很難改變，即使多年以後，當我去探望她，在臨終前她說：「我知道應該要多問你一點，可是我就是做不到。」

我說：「媽，沒關係，現在我知道妳關心我，不用等妳問，我只要想說什麼事情，就會先告訴妳了。」這樣的相處模式就很好了。

我的表弟湯姆（Tom）也是獨生子，他的成長經歷和我非常不同，她母親（我阿姨）是長女，所以她的教養方式和我母親（么女）大不相同。湯姆的母親非常以孩子爲重心，對孩子既嚴格又過度保護，不讓湯姆離家太遠，還會一直問湯姆很多唐突的問題。

在我進行原生家庭和解的後期，有一次和母親各自從東、西兩岸來到聖路易斯（St. Louis）參加家庭聚會，湯姆到機場接我們。在我們開車前往親戚家的途中，湯姆指著一棟建築對我們說，家人第一次允許他可以在外面待到超過午夜的場所，就是在那裡。我知道這其中應該有問題，於是問他：「那時候你幾歲？」湯姆說他當時十九歲了。我聽了很驚訝，於是轉頭對坐在後座的母親說：「我根本就不記得我們討論過我晚上應該幾點以前要回家。」母親回答：「沒錯，因爲你每次都比我早到家。」這的確是事實，母親從來沒要求我在特定時間回家，不管我幾歲，這件事都沒發生過。聽到這番話，湯姆悶哼了一聲，後來才告訴我，他一直都很羨慕母親對我這麼開明的教養方式。

湯姆在青春期很叛逆，一直與專制權威的父母對抗，在學校和社區裡也常遇到各種麻煩。他不想讓父母（或其他權威人物）控制自己的生活，把精力都集中在這個部分，反而沒有花太多時間思考及計畫自己眞正想要的生活。湯姆在快五十歲的時候，死於酗酒的併發症，直到死前都沒有眞正投入過自己的生活。他在去世前還住在父母家裡，就算異性緣一直都很好，他也沒結婚。而這些年來，我只有愈來愈敬佩母親的教養方式。

我和母親對彼此愈來愈放得開，以前沒想過我們會聊的事，後來我都能跟她說，在很多方面，我甚至能夠提供她資源、幫助她。母親一度決定和第四任丈夫分居，當時我坐上飛機前往洛杉磯幫忙她搬家，還趁機跟她聊了分居的事，這麼做的同時，我也避免了捲入麻煩的三角關係中（母親、母親的丈夫和我）。不管什麼時候，只要母親談起丈夫，我就會用跟她相關的問題回應她，偶爾也給她建議，但從來不逼迫她照做。在他們分居大約五個月後，她自己找到了和丈夫復合的方式，我認爲這樣對他們兩個都好。

4 處理三角關係

在進行原生家庭和解的過程中，一定會需要應對家中的三角關係，並且重新定義自己在其中的位置。在我成長的過程中，對我來說最主要的三角關係就是由母親和她生活中的男人所構成。除了其中一個之外，母親約會過的其他男人我都不怎麼喜歡，其中也包含了我大一點的時候，和母親結過婚的兩個男人。值得一提的是，母親並沒有試圖改變這一點，不過這大概也讓她不太好過。

我試著要改變我和母親第四任丈夫的關係（就是和她短暫分居的那一位），可是還沒來得及，對方就去世了。我和他的關係難以改善，有一部分來自我對他的態度，這樣的態度助長了我們在政治上的分歧，導致我們常常爭吵。如果我當時的態度好一點，也許我們就能更愉快地談話，可是我總是傾向於拒絕他，這麼做實在一點幫助都沒有。我相信如果能有多一點時間的話，就能和他建立起一對一的關係。

我和他們兩個相處的一個障礙是：母親和丈夫太常鬥嘴、吵架，而且還想把我拉進爭執中，因此我會疏遠他們倆，這也是我不喜歡去探望他們的原因之一。

後來，我終於學會遇到這種情況時要怎麼應對和表現，也用比較輕鬆的方式去看待他們的情形，並在爭吵的過程中，透過不同的評語展現我的態度，同時不帶批評或諷刺。

如果母親在私底下要跟我抱怨丈夫的事，我會盡量不跟她討論。不管她說丈夫做了什麼不好的事情，我只會問她要怎麼處理、她說了什麼或做了什麼。跟母親單獨坐下來聊她丈夫有多壞，當然很容易，可是我沒有這麼做，只表現出對她的關心，而不是跟她沆瀣一氣，討論她對丈夫的看法是對是錯。我問的問題讓她可以思考，她在夫妻互動中扮演的是什麼角色，隨著時間經過，我看見母親在丈夫面前的表現有所不同，也比較少和丈夫吵架了。她利用我的問題，思考自己該怎麼對待丈夫，而不是自己想要丈夫怎麼對待她，她也因此更能享受生活。我做到了自我分化，不讓自己介入太多，避免在這段關係中成爲第三方，我的這份努力算是很成功。此外，母親自己也提升了與丈夫分化的程度，我並沒有介入或建議她這麼做。

在他過世後，出現了另一組三角關係。母親的丈夫和前妻也有子女，而他和成年子女之間有些複雜的問題，臨終前還很不諒解他的子女，因爲他們批評他酗酒。他想把他們從遺囑上剔除，我想辦法建議母親不要那麼做。我跟母親說，如果遵照他的意願，那麼母親就沒有自己動腦，而是以他的方式在思考及行事。我提醒母親，在她自己的家族歷史也有過遺囑問題（那是母親的繼母去世時發生的事，繼母沒有留下任何東西給自己的丈夫），要是母親同意替丈夫做這件事，就等於讓遺囑的問題一代傳過一代。母親同意我的看法，她告訴丈夫，遺囑會維持原狀，事實也的確如此。接著，在丈夫死後，母親不讓他已成年的子女碰遺物、帶走他們想要的東西（母親又一次站在丈夫的立場思考，而不是自己的考量），於是我再次建議母親，他們會想這麼做也很自然，只要他們拿的東西不是母親想留的，母親應該讓他們帶走，後來母親也這麼做了。

我會說這些事，是爲了證明我和母親已經建立了更坦率的一對一關係。我們不必擔心或覺得不自在，可以直接跟對方說自己的想法和感受。母親知道我尊重她，她會考慮我的想法，同時繼續過她自己的生活。

我和湯姆表弟也有三角關係，但是我花了一段時間才發現。我漸漸明白，就算這些年我們很少花時間相處，我對他來說還是有點像哥哥。湯姆的母親（我阿姨）一直都很愛我，也很尊重我，而且總是推崇我，要湯姆把我當成榜樣。我在進行原生家庭和解之前完全不知道這件事，可是這解釋了湯姆爲什麼不肯對我敞開心胸，還試著疏遠我。

有一次，我到聖路易斯探訪，準備和阿姨、姨丈與湯姆一起外出共進晚餐。當我下樓時，湯姆一看見我穿了大衣、打了領帶就哈哈大笑，還取笑我打領帶的方式。我沒有對他這番荒謬的舉止做反應，反而看到了改善我們關係的契機，我說：「湯姆，我從小就沒有爸爸可以教我打領帶。」（我邊說還邊瞥向他父親一眼，藉此表示認同他們的關係。）「你願意教我嗎？」湯姆立刻把握機會指導我，而且在過程中表現得十分仔細與熱心，我很熱情地向他道謝（仍然在他父親面前）。就是這麼簡單的一個舉動——我在我們倆的關係中放低姿態——他就對我更坦率，也願意回答我的問題了。

還有一個我一開始不知道的三角關係，一直到原生家庭和解的後期才發現。舅舅華萊士（Wallace）以自殺結束生命，除了「他很消沉」這個評語之外，沒人願意跟我談論他的情況。只要我問起母親和阿姨原因，她們就會說：「他就是憂鬱沮喪。」我又問了不少問題，可是都沒有結論，之後就決定不再繼續追問下去。多年後，有一次母親忽然沒來由地問我：「你還是想知道華萊士爲什麼憂鬱嗎？」我說：「當然想。」

於是，母親就告訴了我關於舅舅的經歷。

華萊士原本在密蘇里州的哥倫比亞某餐廳擔任廚師，那時候的種族分裂很嚴重，餐廳裡有另一位黑人廚師，這位廚師和華萊士的太太發生了婚外情。等到當地的鎮長發現這件事以後，有一天便衝進廚房對那個黑人廚師說：「你這黑鬼馬上滾出這裡，不然就要你好看。」黑人廚師立刻離開了，華萊士的太太也跟著他走了，華萊士因此陷入強烈的羞愧感，精神狀況再也沒有好轉。多年後，他就自殺了。

這件事的確帶來很大的衝擊，可是我還是不禁想問，母親之前為什麼不願意告訴我。後來我知道了，我開始工作的前十年是在黑人居住的內城區（black inner-city，多為貧民），種族議題與我有切身的關係。我和母親的丈夫也曾經因為這個話題多次爭吵，在瓦茨（Watts）發生黑人暴動的時候，他在那裡當警察。母親不確定我對這件事會做何反應，而且我可能還會問她，她對這件事又是什麼反應、她做了什麼。母親花了很長一段時間才覺得有安全感，才有辦法跟我公開討論這個話題。我們之前從來沒討論過這個三角關係——由我、母親、舅舅與種族議題所構成。當母親願意對我訴說時，我們就達到了坦誠的新境界。

5 自我分化

在這段關於我進行原生家庭和解的簡述中，各位應該能清楚看出家人並沒有阻止我做自己，所以我不需要與之抗爭。舉例來說，如果我表弟湯姆當初願意嘗試原生家庭和解，他的和解歷程會與我的大相逕庭。

除了前面已經敘述過的部分，我的個人分化過程主要在於回到原生家庭，關心每位家庭成員的生活並提問。我得找方法和他們交流，不管他們有什麼樣的情緒反應，我都要面對，同時還要保持冷靜理性，不對此做反應。這對我來說，是和解過程中很沉重的一部分，而且需要勇氣。藉由這種方式，我終於能夠從家人中清楚分化出來，而且當我在面對生活裡舉足輕重的人時，更能保有獨立的自我；與我在意的人相處時，也能投入在我們的關係中，並且負起責任。

在自我分化的過程中，有一部分需要我與母親對立才能完成。早期我會對她隱瞞我到洛杉磯的行程，其中一個原因是她只要知道我要去，就一定要我跟她共度所有空閒的時間。我去陪她的時候，我們沒有任何互動，她不會問我問題，我也不會主動把自己的事告訴她，我甚至懷疑自己爲什麼要去找她，我更想去找朋友。隨著和解工作的進展，我終於能夠開口說：「媽，很高興妳想見我，我也想見到妳，但我也想見朋友，所以我到洛杉磯以後，這些是我有空去看妳的時間，其他時間我會去找朋友。」母親對此不太高興，但還是同意了，而且後來因爲都是我主動去找她，我們的會面也變得十分愉快。

我和家人的關係因爲原生家庭和解而獲得了另一項回報，就是在家庭遇到艱困的情況時，我更能陪在他們身邊。舉例來說，母親罹患了致命的罕見疾病，但她對自己的病情表現得毫不關心。記得，她是不問問題的人。我問她能不能陪她去看醫生，還讓她知道我想問醫生的問題。有些問題我希望能夠得到答案，而且我覺得她能一起聽對她會有幫助。在我想知道的事情裡，也包括了這種疾病的特性、醫生所預測的病情發展、母親還有多少時間存活，特別是死亡如何到來。母親同意讓我問，因爲她也想知道這些答案，所以請我陪她去看醫生。我不得不說，這位醫生的回答非常開放又直接，他沒有試著避開話題。

結果證明我陪母親去看醫生非常有幫助。她也是很實際的人，所以能夠好好利用醫生給我們的資訊。她提前把所有東西整理好，大多數人死前來不及交代的事情，她全都處理好。我們有機會討論曾經共度的生活、表達對彼此的愛，就算住在離她一千五百哩遠的地方，我還是能夠盡可能陪在她身邊。母親臨終前同意讓我安排救護飛機，把她送到距離我比較近的華盛頓州北部，她在抵達之後沒多久就去世了。

原生家庭和解還改變了我內心一直以來存在的羞愧感，我也不知道自己爲什麼會因爲原生家庭而感到羞愧，這樣的羞恥感總讓我覺得自己不夠好。向其他專業人士介紹我的原生家庭，也是和解工作的一部分。我第一次這麼做的時候，幾乎整個過程都在哭，因爲我覺得我們一家不夠好，他們讓我覺得很丟臉，我也因爲這樣而感到無地自容。在進行和解的過程中，我對他們的感覺有了變化，對於他們盡力奮鬥與成功克服的事情，我感到愈來愈驕傲，不再把重心放在他們有所不足之處，而是仔細看清他們的力量（我在這篇簡述中並未強調這一點），我自己的羞恥感在毫無預警的情況下消失了。我發現大家看待家庭的方式，就是他們在內心深處看待自己的方式。我的客戶也透過原生家庭和解，改變了自己在家中的客觀地位，因此都經歷過自我意識這樣的主觀改變。

如果我和家人能更長壽，我們一定能一起完成更多。不過，我還是對我們已經達成的部分感到滿意。如果沒有著手展開原生家庭和解，我很確定在家裡遇到難關的時候，我沒辦法像這樣在情感上支持他們，陪他們一起面對、處理難題，我也不會那麼投入在家庭中、跟現在一樣負責。如果沒有進行原生家庭和解，我一定會感到極度愧疚，因爲我不會讓母親知道我對她的愛，以及我願意幫忙的心。這只是一部分的例子而已。此外，和解的結果也讓我在親人臨終前有機會成爲主要幫助家裡的人，先是我表弟，再來是我阿姨（表弟的母親）。他們去世的時候，我是家裡剩下唯一能負責的成員。

6 結論

我認爲這項原生家庭和解的工作，改變了我個人的生活，也改變了我和羅伊思的婚姻，以及我與家人、朋友的關係。此外，我在這些年來所擔任的各種領導崗位上，整體表現也更好了。我在客戶身上也看到類似的改變，跟我比起來，有些客戶在進行時需要放慢與家人和解的速度，也有些客戶進展得比我還快。每位投入原生家庭和解的客戶，最後都看見了類似的益處。

基本上，我在沒有心理治療師協助的情況下，完成了原生家庭和解，因爲當時在溫哥華並沒有人從事這項療程。我只能盡可能研讀包恩博士的作品，還不斷與面臨的問題搏鬥，一直到我找出答案爲止；我會把這樣的努力描述爲「自助」（self-help），這也是部分原因。事實上，我寫這本書是爲了能提供給客戶。書裡敘述了家庭中發生的某些情形，在他們進行原生家庭和解的過程中，本書可以讓他們當成參考工具，許多心理治療師和諮商師也是這樣使用本書。

如果各位讀者在進行原生家庭和解時想尋求專業協助，附錄二會提供北美地區的聯絡清單，裡面有執行包恩原生家庭系統理論的心理治療師和諮商師，這能幫助你找到適合的人選。

附錄1：家庭研究調查

安德烈和家裡斷絕往來已久，以下介紹他重新接觸不同家庭成員的方法。第一步，他先畫出家族示意圖——就是「家系圖」（如第八章所述），安德烈盡量加入想得到的家人、人名和已知的年份，可是圖上還是有許多空缺。

他把這張家系圖寄給上一代所有還在世的家人，父母兩邊的親戚都寄了（也寄給雙親），還寄給兩位手足，同時附上符號說明。

安德烈也寫了一封信隨圖寄出，每個人收到的內容都相同，信的重點如下：

你可能聽說了我對我們的家庭變得很感興趣，也想知道大家這些年來變成什麼樣子。因爲大家都住得很遠，我沒有機會深入了解家裡的每個人，希望有一天我能告訴子女，這個家族裡有誰、每個人又是怎麼樣的，你願意幫我嗎？

我發現自己連家裡最基本的事情都不知道，例如：家裡有誰，有很多名字和年份（生日、忌日、結婚年份）我也搞不清楚。麻煩你看看隨信附上的家系圖，如果你知道圖上空缺處的資料，請幫我填上好嗎？我可能漏掉了某些家庭成員，請你幫我在表格上加入小方形或小圓形（請見我附上的符號說明，裡面解釋了這些符號的意思），並依照他們在手足間出生的順序排列。在我已經畫出來的成員裡，如果我混淆了兄弟姊妹的順序，而你發現有誤，也請不吝幫我改正，把他們排到正確的位置上。

就算你只能幫我添上一個缺失的人名或年份，我都會非常感激你願意幫忙的心意。如果你想要的話，只要跟我說，我很樂意把最終完成的家系圖寄給你。

最後，關於這些人的資訊，只要是你知道的，請全部提供給我。我很好奇他們主要住在哪裡、教育程度、做過什麼工作、大致的生活情況、有什麼興趣和嗜好、宗教信仰是什麼，還有每個人的性格、特徵等。如果有人已經過世了，我也想知道他們是怎麼過世的。

再次謝謝你願意幫我，家庭現在對我來說變得非常重要，所以我不願意失去更深入了解家庭的機會。

安德烈寄了十四封信出去，後來收到其中七個人的回覆。他們分享了非常有用的資訊，也很熱心參與這項計畫，每個人都提供了不同家庭成員的趣聞軼事，還有安德烈要求的實際數字。

安德烈後續又寄給這七個人一封感謝信，並且就他們所提供的資訊，進一步提出許多問題以便確認。安德烈在信中說，他們不一定要回信，他會在「近期內」打電話給他們，直接聊聊他為了釐清狀況而提出的這些問題。

安德烈和這七位親戚都通了電話。其中有三位主動打給他，而且非常高興能跟他說話；安德烈也聊得很愉快。他盡量讓對話簡短，只是謝謝對方願意分享資訊，在這段對話裡，安德烈還問了對方幾個問題，這些問題都是有關他們個人的家庭經歷，例如：「當長子女是什麼樣的？」或「你小時候最喜歡家裡的哪一點？」

這七個人裡面，有六個積極回答這些更私人（正面）的問題，於是，安德烈問他們願不願意更深入聊聊自己的家庭經歷，他們都回答說：「好啊。」第七個人持有懷疑態度且不願意配合，所以安德烈決定暫緩這段對話，不再問對方更多問題。

接著，安德烈列出一份問題清單，內容大致如下：

- 你最早有的記憶是什麼？
- 你覺得原生家庭有什麼特別之處嗎？
- 你跟父親或母親哪一位比較親近？
- 你認為家庭生活中有哪一點是特別的優點？
- 你和家庭成員怎麼處理爭執？
- 你和原生家庭中的哪個人最親近？
- 你和原生家庭中的其他成員有什麼不同？
- 你和原生家庭中的其他成員有哪些相同之處？
- 在你談戀愛／結婚之前，生活是什麼樣子的？
- 在我出生之前，你的生活是什麼樣子的？在我出生的時候，你的生活又是怎麼樣的？
- 你人生中最重要的轉捩點有哪些？
- 在你的生活中有哪些人舉足輕重？
- 你在生活中為自己訂定的目標有哪些？就你看來，這些目標的完成度有多少？

- 你現在有什麼目標？
- 你從原生家庭裡學到最多的是什麼？
- 最讓你滿意的成就是什麼？
- 在交往關係／婚姻關係中，你覺得最大的挑戰是什麼？你覺得當父母最大的挑戰是什麼？
- 你怎麼應對上述的挑戰呢？
- 宗教或信仰對你和家人重要嗎？
- 你是怎麼培養宗教信仰的呢？
- 什麼信念對你來說最為重要？
- 對你來說，最重要的宗教經驗是什麼？
- 父母身上的特質，你最欣賞的有哪些？手足身上的特質，你最欣賞的又有哪些？
- 你怎麼做決定？你會跟誰討論你的決定呢？
- 你怎麼處理和家人（父母、伴侶、孩子等）的衝突？
- 家裡哪一位親人的過世影響你最深？

安德烈也替每個人加入其他特定問題。

他把這些問題分別寄給那六位家庭成員（其中兩位是他父母），並向家人表示如果願意的話，也可以用錄音的方式回答問題。安德烈解釋，如果他們不願意這麼做，他也能夠理解，也許等到有一天他們見到面，再來討論這些問題。

這六位家人都寄了錄音檔給安德烈，檔案裡充滿了有用、有趣的資訊。安德烈也再次寄了感謝信給他們，謝謝他們的幫助，還說能夠保存家人的聲音眞是很棒的一件事。

在經過上述過程之後，安德烈發現要拜訪每位家庭成員變得相對容易，他跟他們也開始進行更私人的一對一談話。他們談家庭和身爲一家人的家庭經驗，安德烈也藉此得知了之前不知道的許多三角關係和議題，這讓安德烈能用更不同的觀點來看待自己的發展。

這也讓安德烈能用更細膩和體諒的方式，處理自己直系原生家庭的難題和未解決的問題，他還放下了對家庭經歷與個人整體生活的怨恨與不滿。安德烈在四十二歲的時候，終於感覺到自己「轉變爲眞正的大人」。

如果比起安德烈，你和家人的關係更好，那你不一定要照安德烈的節奏來與家人聯絡。安德烈的方法適用於需要慢慢來的人、不確定自己是否有意願要進一步與家人建立關係的人，以及不確定各個家庭成員意願的人。

附錄2：尋求專業協助以進行原生家庭和解

雖然本書的英文副標題包含了「自助」這個字詞，但我是爲客戶寫下這本書。這些客戶跟我一起進行諮商療程，希望能用本書當作他們的指南。我想要用簡單的敘述解釋原生家庭和解的內容，以及進行和解的方法與步驟。許多諮商師和心理治療師也基於相同目的，與他們的客戶一起使用本書。大家也可以利用本書的資訊，不必透過專業協助，自己著手進行原生家庭和解。本書所敘述的，其實是心智更成熟的人幾世紀以來就一直在和家人做的事情，早在有所謂的「專業協助」存在之前就已經開始了。不過，在包恩的理論中，經由受過訓練者的協助，能有效幫助你更清楚了解原生家庭和解的內容及進行方式。

想要找諮商師，很重要而需要考慮的一點，就是選擇視家庭爲正向資源的諮商師。如果諮商師把客戶視爲不幸的受害者，受了惡劣家庭成員的荼毒，就不建議找這種諮商師。不管這位專業人士的職稱是「心理諮商師」或「心理治療師」，都沒有關係，我自己也會交替使用。這兩種名稱的不同點在於專業人士所屬的專業協會，而非工作性質的差別。精神科醫生、心理學家、婚姻及家庭治療師、教牧諮商輔導師（pastoral counselors）、社工和其他許多受過專業訓練的人士，都能提供客戶這類專門的協助。

包恩博士是精神病學家，他在華盛頓特區的喬治城大學（Georgetown University）授課。包恩在患者面前更喜歡稱自己是「教練」（coach），把患者當成是在運動場上受訓要進行療程的人。原生家庭和解的重點不在於客戶（或病患）跟諮商師的關係，而是客戶（或病患）能爲自己和家人的關係做些什麼。身爲心理治療師，這也是我對工作內容的看法，同時也是本書隱含的設想。

因爲目前包恩理論治療師並沒有專業協會，加上這些治療師各有不同職稱，所以很難找到他們。讀者可能要多見幾位諮商師，才能找到可以用這項方法協助你的專業人士。我在與這方面專業人士會談的時候，會提出的問題如下：

- 你認為一個人的家庭對他的情緒發展來說是正面資源嗎？
- 你會把個人視為更大情緒系統中的一部分嗎？如果會的話，你會思考人在那樣的背景下，要怎麼樣才能製造改變的機會？

- 你熟不熟悉包恩理論和原生家庭和解？
- 你接受過這種方法的訓練嗎？
- 你也在跟自己的家庭進行原生家庭和解嗎？

我在以下清單中提供部分運用包恩理論的專業培訓中心，其中的專業人士都願意與客人進行這類療程，就算你找不到離家較近的中心，他們也許還是能推薦你所在地附近受過訓練的專業人士。

包恩理論的主要培訓中心位在華盛頓特區，就是包恩家庭研究中心（Bowen Center for the Study of the Family，官方網站：www.thebowencenter.org），電話號碼是：202-965-4400。包溫家庭研究中心和全世界的心理治療師都有接觸，其中包括在北美的治療師，所以應該能夠幫忙推薦。以下是其他中心的所在地、名稱、電話號碼以及網站。

1. North Vancouver, British Columbia（加拿大）
   Living Systems
   604-926-5496 / www.livingsystems.ca

2. Chula Vista, California
Southern California Education and Training in Bowen Family Systems Theory
619-525-7747 / www.socalbowentheory.com

3. Sebastopol, California
Programs in Bowen Theory
707-823-1848 / www.programsinbowentheory.org

4. Delray, Florida
The Florida Family Research Network, Inc.
561-279-0861 / www.ffrnbowentheory.org

5. Wilmette Illinois
The Center for Family Consultation
847-866-7357 / www.thecenterforfamilyconsultation.com

6. Potomac, Maryland
The Center for Family Process
www.centerforfamilyprocess.com

7. Dorchester, Massachusetts
New England Seminar on Bowen Theory / www.bowentheoryne.org

8. Kansas City, Missouri
Kansas City Center for Family and Organizational Systems
816-436-1721 / www.kcfamilysystems.com

9. Princeton, New Jersey

Princeton Family Center for Education, Inc.
609-924-0514 / www.princetonfamilycenter.org

10. Rochester, New York
Leadership Coaching, Inc.
585-381-9040 / www.leadershipcoachinginc.com

11. Pittsburgh, Pennsylvania
Western Pennsylvania Family Center
412-362-2295 / www.wpfc.net

12. Austin, Texas
Side by Side, Inc.
800-204-3118 / www.sidebyside.com

13. Houston, Texas
Center for the Study of Natural Systems and the Family
713-790-0226 / www.csnsf.org

14. Essex Junction, Vermont
Vermont Center for Family Studies
802-658-4800 / www.vermontcenterforfamilystudies.org

15. Washington, DC
The Learning Space
202-966-1145 / www.thelearningspacedc.com

台灣相關資源

◎免費心理諮詢專線

- 衛生福利部安心專線：0800-788995（二十四小時免付費心理諮詢電話）
- 全國張老師專線：1980（週一至週六上午九點至十二點，下午一點半至五點，晚上六點至九點，週日服務至下午時段，中華電信門號、市話撥打免費）
- 全國生命線專線：1995（二十四小時，中華電信門號、市話撥打免費）

◎台灣合格諮商單位（僅列舉部分）

天使心家族社會福利基金會	台北市松山區民權東路三段106巷15弄25號5樓 電話：(02)2718-1165 https://www.ah-h.org/
任兆璋修女林美智老師教育基金會	台北市忠孝東路三段100號5樓 電話：(02)2778-0703 http://www.jenlinst.org.tw/
旭立紀念文教基金會	台北市羅斯福路三段245號8樓之2 電話：(02)2362-8040、2363-5939 https://www.shiuhli.org.tw/

吾心文教基金會	台北市松江路17號2樓 電話：(02)2509-3707 http://www.wushin.org.tw/
馬偕協談中心	台北院區：台北市中山北路二段92號9樓 電話：(02)25433535轉2010 淡水院區：新北市淡水區民生里民生路45號 電話：(02)28094661轉2179
華人心理治療研究發展基金會	台北市麗水街28號6樓 電話：(02)2392-3528 https://www.tip.org.tw/
新北市家庭教育中心	新北市板橋區僑中一街1-1號4樓 電話：(02)22724881 家庭教育諮詢專線：(02)4128185 http://ntpc.familyedu.moe.gov.tw
勵馨社會福利事業基金會	新北市新店區順安街2-1號1樓 電話：(02)8911-8595 https://www.goh.org.tw/tc/index.asp
台灣兒童暨家庭扶助基金會	台中市西區民權路234號12樓 電話：(04)2206-1234 https://www.ccf.org.tw/
高雄基督教家庭協談中心	高雄市前金區中華三路23號10樓之8 電話：(07)2810303
高雄市學生心理諮商中心	高雄市三民區覺民路363號（民族國中內） 諮詢電話：(07)3861785、(07)3860885 http://www.kscc.kh.edu.tw/

原生家庭療法——
七個步驟，解開關係束縛，做出改變，重建更成熟的情感對應方式

作　　者——羅納德．理查森
（Ronald W. Richardson）
譯　　者——林琬淳
責任編輯——洪禎璐

發 行 人——蘇拾平
總 編 輯——蘇拾平
編 輯 部——王曉瑩
行 銷 部——陳詩婷、曾志傑、蔡佳妘、廖倚萱
業 務 部——王綬晨、邱紹溢、劉文雅

出 版 社——本事出版
台北市松山區復興北路333號11樓之4
電話：(02) 2718-2001　傳真：(02)2718-1258
E-mail：andbooks@andbooks.com.tw
發　　行——大雁文化事業股份有限公司
地址：台北市松山區復興北路333號11樓之4
電話：(02)2718-2001
傳眞：(02)2718-1258
美術設計——POULENC
內頁排版——陳瑜安工作室
印　　刷——上晴彩色印刷製版有限公司
2019年 09月初版
2023年 04月二版 1刷
定價　480元

FAMILY TIES THAT BIND: A SELF-HELP GUIDE TO CHANGE THROUGH
FAMILY OF ORIGIN THERAPY(4 EDITON)
by DR. RONALD W. RICHARDSON

ISBN 978-626-7074-35-0
ISBN 978-626-7074-40-4 (EPUB)

缺頁或破損請寄回更換
歡迎光臨大雁出版基地官網 www.andbooks.com.tw　訂閱電子報並塡寫回函卡

國家圖書館出版品預行編目資料
原生家庭療法——七個步驟，解開關係束縛，做出改變，重建更成熟的情感對應方式。
羅納德．理查森（Ronald W. Richardson）／著　林琬淳／譯
---.二版.一 臺北市；本事出版　：大雁文化發行，2023 年 4 月
面　；　公分. –
譯自：FAMILY TIES THAT BIND——A Self-Help Guide to Change through Family of Origin Therapy
ISBN 978-626-7074-35-0（(平裝)
1.CST:家族治療　2.CST:家庭關係

178.8　　112000770